*Romance*

# Senzala

*Salvador Gentile*

**Dados Internacionais de Catalogação na Publicação (CIP)**
**(Câmera Brasileira do Livro, SP, Brasil)**

Gentile, Salvador, 1927
Senzala / Salvador Gentile.
Catanduva, SP: Instituto Beneficente Boa Nova, 2009

**ISBN 978-85-99772-34-8**

1. Espiritismo 2.Ficção espírita I. Título

**09-08822**                                                    **CDD- 133.93**

**Indices para catálogos sistemático:**
1. Ficção espírita: Espiritismo 133.93

**Impresso no Brasil/*Presita en Brazilo***

**Salvador Gentile**

# Senzala

Instituto Beneficente Boa Nova
Entidade coligada à Sociedade Espírita Boa Nova
Av. Porto Ferreira, 1.031 | Parque Iracema
Catanduva/SP | CEP 15809-020
www.boanova.net | Fone: (17)3531.4444

**6º edição**
3.000 exemplares
Do 26º ao 29º milheiro
Julho/2025

© 2009-2025 by Boa Nova Editora

***Capa***
Cláudio de Oliveira Santos

***Preparação dos Originais,
Revisão e Diagramação***
Salvador Gentile

***Coordenação Editorial***
Ronaldo A. Sperdutti

***Impressão***
Lis Gráfica

Todos os direitos estão reservados. Nenhuma parte desta obra pode ser reproduzida ou transmitida por qualquer forma e/ou quaisquer meios (eletrônico ou mecânico, incluindo fotocópia e gravação) ou arquivada em qualquer sistema ou banco de dados sem permissão escrita da Editora.

O produto da venda desta obra é destinado à manutenção das atividades assistenciais da Sociedade Espírita Boa Nova, de Catanduva, SP.

**1º edição:** Outubro de 2009 - 5.000 exemplares
Mais de 355.000 exemplares vendidos em edições anteriores.

# ÍNDICE

I - Diante da morte ..................................... 7
II - A família Sousa .................................... 21
III - Novos rumos ........................................ 32
IV - Os caminhos da intriga ....................... 51
V - A grande decisão ................................. 82
VI - Uma noite de terror ............................. 118
VII - Compromissos do passado ................ 154
VIII - Os caminhos do mal ......................... 172
IX - Novos planos de luta .......................... 202
X - O mal destrói o mal .............................. 212
XI - Os caminhos da felicidade .................. 265

# I
## DIANTE DA MORTE

A casa senhorial, plantada em meio ao arvoredo e coberta pela pálida claridade do entardecer, parece mergulhada na tristeza. Suas janelas estão cerradas. Silêncio profundo a envolve. A vetusta construção, de genuíno estilo colonial, alta, de paredes largas com os tijolos dispostos em simetria irrepreensível, tem, aqui e ali, rasgos altaneiros em que se encravam as longas janelas brancas, contornadas por delicadas molduras de argamassa caiada. Um casarão bem a gosto dos abastados fazendeiros do século XIX. Imponente por si mesma, cresce de majestade sob a copa das árvores que a circundam. A impressão de quem pela primeira vez a vê, é de assombro e de admiração.

Começa aí a nossa história, no silêncio reverente da tarde e na tristeza soluçante que se implanta ante a chegada da morte.

Morrera, naquelas horas enlanguescidas, o Coronel Sílvio de Souza, dono da propriedade: vasta área de terra cuidadosamente tratada e que, sob a sua direção enérgica, vertia ouro na produção abundante. Prosperara o falecido de tal forma, que a fortuna, acumulada nos longos anos do seu trabalho, gozava a fama de ser a maior daquelas paragens interioranas.

Estamos em uma fazenda, do interior do Estado de São Paulo, encravada no território de um dos seus mais importantes municípios cujo nome não vem ao caso determinar, porquanto é apenas um acidente geográfico que não se vincula de maneira indestacável no desenrolar do nosso relato.

A época é o segundo quartel do século XIX, e bastará olhar-se o verdor a colorir o chão dadivoso dos prados e das encostas, e as flores silvestres a se altearem em largas manchas multicores, para se deduzir, facilmente, que estamos em outubro, em plena primavera.

Em contornos harmoniosos, ao redor do casarão, delicados canteiros, de grama exuberante e bem aparada, exibem uma variedade preciosa de flores e arbustos coloridos. Um arco-íris no chão.

Mas nem o frescor e a poesia, as cores agradáveis e as flores caprichosas, bastam para retirar a sensação de tristeza que paira no vazio ambiental, e nas expressões de recolhimento estampadas no semblante das figuras humanas que se movimentam naquele palco primaveril.

Chegam e saem carruagens, e o bater dos cascos dos animais de tração, misturados ao ruído das rodas, esmagando calhaus do caminho e folhas secas, são os únicos sons que se sobressaem.

Mesmo as pessoas que vão chegando, parecem caminhar com pés cautelosos para não profanarem o silêncio da morte, extravasando-se em respeito.

As senhoras mais emotivas sufocam os soluços na garganta, para que o pranto de tristeza não apareça indiscreto.

Morrera o Coronel, e ninguém queria aceitar a dura realidade. Tão inopinado fora o evento que caíra sobre todos como uma catástrofe irreparável e incompreensível.

Quando a morte é esperada, todos sabemos disso, mas nunca nos habituamos a semelhante realidade, no decurso de tempo em que vagarosamente se instala, as pessoas vão se preparando para recebê-la sem surpresas dolorosas. Todavia, quando chega de repente, ceifa os canais da compreensão e da serenidade e traumatiza os corações.

Na verdade, intimamente, todos nós supomos que os bons são imortais, insuscetíveis do decesso fatal. São tão úteis e indispensáveis ao ponto de nos descuidarmos da justa compreensão de que são seres humanos, sujeitos como qualquer mortal ao ciclo da vida, que tem começo e fim, tanto na cabra pachorrenta que passa as horas a ruminar, simulando um tique nervoso, como no pássaro alegre que gorjeia, senhor dos ares e da Natureza, escolhendo o próprio pouso, aqui e ali, entre flores, ou na exuberância das árvores.

Morrera o Coronel, o bom homem, respeitado por escravos e nobres, crianças e adultos, pois era assim como um símbolo do ideal que todos nós temos e se personifica em alguém. Admití-lo entre os mortos era insuportável porque representava o apeamento do carro das alegrias e ilusões, a frustração da perene expectativa de amor, menos encontradiço na época a nos reportamos, em que os corações padeciam de aridez profunda em razão das contrastantes situações sociais que não se escalonavam mas se definiam por extremos: entre gente que era "coisa" como os escravos, e "coisa" que era gente, como os desumanos nobres que fartavam sua mesa à custa do sangue escravo e, ao primeiro destempero, faziam jorrar o sangue sob a brasa do açoite, junto ao poste do pelourinho.

O Coronel era o vértice superior do triângulo com os dois braços distendidos para os pólos da base, iluminada pela sua influência superior.

Todavia, ainda que difícil fosse admitir o infausto acontecimento e muito dolorosa a sua aceitação, morrera o Coronel. A emoção dos que saíam da câmara mortuária, os olhos brilhantes e sensibilizados, deixando marejar lágrimas discretas, mostravam que não podiam duvidar da realidade.

Tinha-se a impressão de que todos, sem exceção de um sequer, guardavam receios interiores do dia de amanhã, quando não mais poderiam contar com o arrimo daquele coração generoso e daquela personalidade marcante, que lhes ganhara a afeição e a confiança, transformando-se no pai, no irmão e no amigo de todos instantes.

# SENZALA

Tudo mudaria, sem dúvida. Todas aquelas vidas, presentes ou ausentes, que mourejavam ao redor e sob a sua influência, seriam afetadas, porque o Coronel era dessas criaturas inconfundíveis pela raridade dos predicados que somava.

Se a morte é triste onde quer que ela se abata, ali chegava ao superlativo da tristeza.

o

Instalara-se o Coronel há longa data, no local. Chegara recém-casado, na então modesta propriedade que herdara, acompanhado de D. Maria Cristina, fina dama da sociedade paulistana, cujos dotes pessoais e virtudes renteavam com os do esposo. Aceitara a contingência de deixar as rodas elegantes e os chás sociais, para mergulhar no sertão bravio e ser a doce companheira na solidão de trabalho e sacrifício que esperava o jovem casal.

Desembarcados naquelas terras incultas e poeirentas que queimavam os pés, sob o sol causticante, desrespeitando a proteção das próprias alpercatas, lutaram juntos e juntos sofreram longos dias de adaptação e desprendimento. Nasceram naquele ambiente eleito, seus filhos, agora três ao todo: Alberto, Francisco e Cidália.

Os anos transcorreram e o relógio do tempo parara cinco lustros depois, naquela tarde triste de outubro, transformada em um anfiteatro da morte, encruzilhada para muitos destinos que seriam, forçosamente, constrangidos a escolher os próprios rumos.

**SENZALA**

Rompera-se o leme e a nau, desgovernada, começava a balouçar sobre as ondas revoltas da realidade e do desconhecido, tendo, em seu bojo, toda uma comunidade que teria de encontrar o próprio porto de ancoradouro. Partiram-se as velas e a força propulsora se extinguira. Os ventos do mundo, conquanto continuassem a soprar, aguardariam novos panos onde se apoiarem para impelir a embarcação, momentaneamente encalhada, com sua tripulação desarvorada pelo medo e pela incerteza.

o

Naquele dia fatídico, o Coronel Sousa levantara-se à hora do costume. Diga-se de passagem, porém, que ao acordar, manhãzinha ainda, como sempre pelo alvoroço e o gorjeio dos pássaros, não se sentia muito bem. Pesava-lhe a cabeça, e ligeira indisposição convidava-o a permanecer por mais tempo no leito. Ligando o fato a excesso de alimentação na tarde anterior, porém, cobrou ânimo e pulou da cama atento para os múltiplos afazeres do dia.

Tomou o café algo pensativo, grave, como acometido de pequeno desânimo, a estampar-lhe na face.

Benedita, a velha serviçal que durante 25 anos tinha o privilégio de ser a primeira a vê-lo, pela manhã, ganhando as suas primeiras palavras, notara-lhe a diferença de expressão, e preocupou-se.

— O patrãozinho não está se sentindo bem? — perguntou ela espontaneamente, qual mãe carinhosa que quer adivinhar as dificuldades do filho, em razão da liberdade que o Coronel Sousa lhe dispensava.

— Não há nada, Benedita. Apenas uma ligeira dor de cabeça, que passará logo – respondeu sem deixar transparecer uma nesga de preocupação pelo fato da observação amiga.

Após o café, fez o giro costumeiro pelas adjacências da sede da fazenda, passando pelo estábulo, pelo mangueirão, pela pequena granja destinada a produzir para o consumo e, nesse passo, dirigia-se para a colônia onde se agrupavam os trabalhadores que vinham buscar-lhe as instruções para as tarefas.

Reunido a eles, ditava-lhes as ordens seguras e minuciosas, distribuindo-os pela extensa herdade para os misteres do dia.

Trouxeram-lhe uma montaria, que galgou lépido, açulando o animal para ganhar tempo e poder vistoriar todas as áreas onde vinham se desenvolvendo os diversos serviços.

Mais um pouco e o sol inclemente surpreendia-o cavalgando daqui para ali, atento a todos os detalhes da paisagem, perscrutando-a com seus olhos experimentados, sem deter a marcha. Cavalgou até quase onze horas, não obstante sentir que a indisposição, ao invés de regredir, se acentuava cada vez mais. Habituado àquele tipo de vida e resoluto no atendimento das tarefas costumeiras que se impunham, cumpriu o programa e apeou, em casa, bastante preocupado com o mal-estar que já o inquietava.

Seu almoço foi frugal, contrariando, aliás, seu hábito, porquanto essa refeição era-lhe a principal e nela comia até fartar-se, costumando fazer a sesta por cerca de uma hora.

Levantando-se da mesa, dirigiu-se para o quarto. Ao acomodar-se na cama larga, sobre o colchão de penas, cuja maciez sempre comentava, sentiu-se mais tranquilo, pois guardava a certeza de que aquela hora de repouso seria suficiente para debelar a indisposição e devolver-lhe a plenitude da capacidade física.

Naquela tarde, dormira um pouco mais e só não fora acordado pelos familiares, à hora habitual, porque Benedita chamara a atenção da patroa para o incômodo que notara, desde cedo, no Coronel Sousa.

Eram 15 horas quando se levantou. Lavou o rosto apressadamente e, ao tomar o café, calou qualquer reclamação ou reprimenda, ponderando que os familiares talvez lhe tivessem notado o mal-estar, deixando-o, propositadamente, descansar mais.

Ninguém mencionou o assunto, quem sabe para não melindrá-lo ou preocupá-lo desnecessariamente.

Da cozinha, onde frugalmente se alimentara, dirigiu-se para o pomar. Notara que as frutas maduras, caindo das árvores, haviam forrado o chão, fazendo-se urgente uma limpeza. Ia verificar a magnitude do trabalho a ser realizado, a fim de programá-lo para o dia seguinte.

Já estava em meio o pomar, sob a copa de velhas mangueiras, que se erguiam para o céu, imponentes e generosas, refertas de frutos prometendo colheita exuberante, quando sentiu uma dor mais aguda na cabeça, um barulho estranho a repercutir-lhe no cérebro e, de repente, uma sensação violenta de estar sendo arremessado no espaço.

Foi como um raio fulminante. Dobrou os joelhos e caiu no chão atapetado de folhas secas, com o rosto colado à terra, os olhos bem abertos, o braço esquerdo sob o corpo e o braço direito estirado como se, instintivamente, tivesse procurado apoio, no instante derradeiro, para amortecer-lhe a queda.

Sobreviera-lhe um insulto cerebral e o homem, distendido no chão, sem dúvida, estava morto.

Quando, no momento fatal, sentira como se lhe estourasse o crânio, o Coronel Sousa experimentou estranha vertigem, fugindo-lhe a consciência do momento e mergulhando num pesadelo no qual via desenrolar-se, celeremente, numa sequência interminável, todos os lances mais importantes da sua vida. As imagens se sucediam e ele não tinha poder de controlá-las; queria fixar-se em alguma outra coisa, não obstante sentir-se impotente; e, na semi-lucidez, assistiu à singular revisão da sua vida, sem atinar com a causa daquele fenômeno inusitado de que nunca ouvira falar.

Quando o aparente pesadelo passou, permaneceu algum tempo naquele delíquio, só a pouco e pouco readquirindo a consciência. Passara-se quase uma hora e, a essa altura, o Coronel Sousa podia pensar e avaliar os fatos que se sucederam de modo tão insólito.

Viu-se caído de bruços no chão. Alguns insetos passeavam pelo seu rosto, insolentes e descuidados. Fez menção de mover-se para levantar-se mas, malgrado o ingente esforço, e para seu espanto, não conseguia comandar mais o corpo. Paralisia total. Tentou novamente, reunindo todas as forças, mas nada conseguiu. Nem um músculo a mover-se.

– Decididamente – pensou – fora acometido de uma paralisia fulminante.

Começou a desesperar-se. Que lhe teria acontecido afinal? Que situação estranha! Caído e imobilizado, via e ouvia perfeitamente. Ansiava por alguém que o encontrasse nessa situação terrível, e o socorresse. Imaginou que o Dr. Fernando, seu médico, não teria dificuldade em diagnosticar-lhe a doença. Ele, contudo, nunca ouvira falar de coisa igual; por isso crescia-lhe a inquietação. Quis gritar por socorro. A voz, porém, não lhe saía; as cordas vocais não lhe obedeciam mais ao impulso.

Estava ali caído e inquieto sem poder mover-se ou falar, mas ouvia, perfeitamente, o cantarolar alegre de Benedita vindo lá da casa grande, bem como todos os ruídos circundantes.

De repente, alegrou-se. Ouvira passos que se dirigiam ao pomar. Era Romualdo, o capataz, que diante da longa espera para o recebimento de ordens, resolvera ir à procura do Coronel para poder, assim, adiantar o serviço.

Novamente o Coronel Sousa tentou gritar para fazer-se notar, temeroso de que não o encontrassem para providenciarem-lhe socorro urgente. No entanto, de novo, nada conseguiu.

O capataz, que lhe conhecia os hábitos, trilhara o mesmo caminho, sobre seus passos, não tardando a encontrá-lo, caído.

Apavorado, o bom homem ajoelhou-se ao seu lado, chamando-o pelo nome uma, duas, três vezes; como não foi atendido, tocou-lhe nos ombros com as mãos largas, calejadas e fortes, virando-o de ventre para cima. Percebeu, de imediato, pelo abandono do corpo e pela expressão dos olhos, desmesuradamente abertos, sem brilho, que o Coronel estava muito mal ou já morto.

— Socorro! Socorro! — gritou ele a plenos pulmões, e seu grito, perpassado de angústia e desespero, cortou a tarde como um punhal, transmitindo a todos, que lhe ouviram o apelo, vibrações de terror.

O Coronel Sousa, que lhe ouvira o chamamento desesperado e que ao ser virado, quase rosto a rosto, lhe vira a expressão de medo e inquietação, ficara, ante seu lancinante grito de socorro, mais confuso ainda.

— Meu Deus — pensou — que me estará acontecendo?

Estava nessa reflexão, quando se sentiu rodeado por muita gente, serviçais que estavam nas imediações.

Num instante, tomaram-no nos braços musculosos e, com todo o cuidado e carinho, transportaram-no para a casa, todos inexplicavelmente emudecidos, traumatizados, como se o medo lhes inibisse a voz.

D. Maria Cristina que ouvira, também, os gritos do capataz, veio-lhes ao encontro.

Ao ver o companheiro carregado por dois escravos, braços pendentes do corpo amolecido, olhos abertos e vidrados, adivinhou a extensão da fatalidade, não sopitando grossas lágrimas que lhe despencaram dos olhos azuis sobre as faces rosadas.

Guiou-os ao interior da casa, acomodou o corpo do Coronel Sousa na cama, e expediu ordens para que fossem buscar, sem mais tardança, o Dr. Fernando Barros, na cidade.

Correu à cozinha, e embebeu de vinagre uma toalha de rosto para aplicá-la às narinas do Coronel, cuidando que aquilo fora uma vertigem, conquanto estranha.

O Coronel Sousa assistia a tudo, estarrecido. Imóvel sobre o leito, que lhe servira durante um quarto de século, com os olhos fixos no teto de largas tábuas de cedro envernizado, tinha o pensamento em brasas, incapaz de definir a situação profundamente esquisita com que se defrontava, e diante da qual sua impotência era total.

Estava imerso nessas reflexões, quando chegou D. Maria Cristina, sobraçando custosa toalha impregnada de vinagre, um vidro de amoníaco, desarrolhado, para a aplicação inútil ao companheiro tombado.

Desesperada, tomou-lhe a mão e ao senti-la gelada e inerte, caiu em si: o seu marido estava morto.

Mal lhe cortou a consciência, este pensamento, o pranto convulso lhe brotou e, debruçando-se sobre o companheiro, chamou-o em vão, deixando-se envolver por uma angústia indescritível.

Aquele pranto quente rolado dos olhos que lhe transmitiram, durante cinco lustros, tantas expressões de amor e de alegria; aquela expressão dolorosa marcada por palavras ditas no auge de uma crise de medo e de tristeza, caíam no espírito do Coronel como ácido terrível a destruí-lo.

Que hora amarga, assistindo ao martírio da companheira, sem poder dizer-lhe que não se sentia morto, que estava vivo e, certamente, logo a paralisação seria debelada e tudo voltaria ao normal! A cena lhe infligia um sofrimento sem limites que se multiplicava ante a impossibilidade de manifestar-se.

Longos minutos D. Maria Cristina, debruçada sobre o peito do companheiro, que lhe dera tanto amor e tantas alegrias, chorou copiosa e convulsivamente. Quando conseguiu erguer a cabeça para fixar-lhe o rosto, na ânsia de descobrir-lhe sinais de vida, vendo-lhe os olhos abertos, cerrou-os delicadamente com as pontas dos dedos, fechando, para o Coronel Sousa, a janela pela qual ele via o mundo contingente, e que não teria mais forças para reabrir e tornar a ver.

o

Desde que lhe fecharam os olhos, roubando-lhe o contato visual com o ambiente, o falecido começou a sentir uma diminuição gradativa da audição e um torpor que o invadiu, levando-o à exaustão.

Estava assim, em gradativo relaxamento muscular, quando se sentiu envolver por uma vibração de tranquilidade, experimentando sensação de leveza. Esforçou-se por se levantar do leito e, para surpresa sua, levantou-se. Quando se pôs de pé, ao lado da cama, recuou amedrontado ao ver, sobre ela, o seu corpo distendido e inerte.

Perplexo, procurou desvendar o mistério, analisando-se nas duas formas que tomara. Estava mergulhado nesse processo de auto-análise, quando sentiu como que um choque de alta voltagem que o arremessava à distância.

Caíra no chão e, ao erguer-se, sua percepção era diferente. Pareceu-lhe que fora arrebatado para outro ambiente e sentiu uma leveza indizível tal se seu corpo fora diáfano.

Nisso, mão delicada tocou-lhe o ombro e chamou-o:

— Meu filho!

O Coronel Sousa reconheceria aquela voz entre milhões de vozes. Como uma criança que retornasse ao lar, após longa ausência, cheio de ansiedade, voltou-se e, contemplando a mãezinha, nimbada de luz, resplandecendo em longa túnica branca e bela, ainda mais bela que nos dias da sua juventude, exclamou:

— Mamãe! meu Deus, o que estará acontecendo? A senhora já morreu!

A entidade abriu-lhe os braços e sorrindo, com aquela doçura que só as mães sabem ter para com os próprios filhos, disse-lhe:

— Vem, meu filho, você também morreu...

## II

## A FAMÍLIA SOUSA

Os dias rolaram tristes e intermináveis para a família do Coronel Sousa. Fora uma semana difícil, inundada de lágrimas.

O golpe implacável do destino, assestado na pequena comunidade, surpreendera os corações desprevenidos e habituados àquela convivência franca e superior, que o falecido instalara ao seu redor.

A ninguém nunca ocorrera a perda irreparável. Morrera um deus, que soubera entronizar-se em todos os corações, e o trono vazio como que representava o esvaziamento do conteúdo da própria vida, que mantinha vibrantes todas aquelas criaturas.

A atividade, na fazenda, limitara-se às providências inadiáveis. A desolação era completa, e tinha-se a impressão de que ninguém sabia como continuar as lides do dia-a-dia, capitaneadas com segurança, até ali, pelo extinto.

No dia a que nos reportamos, a família Sousa regressava da missa de sétimo dia realizada na capela da própria fazenda, quando uma multidão se erguera em preces em favor da alma boa que, no entendimento de todos, pelos elevados dotes espirituais que detinha, erguera-se ao céu.

Após o almoço, D. Maria Cristina cobrou ânimo e reuniu, na sala-de-estar de vastas proporções, decorada com móveis de estilo colonial e pesadas cortinas de veludo, os três filhos para o entendimento, que já se fazia urgente, em busca da realidade e das soluções para os extensos problemas, a reclamarem continuidade.

Sentou-se na velha poltrona de mogno que o Coronel usava habitualmente, nas frequentes reuniões familiares que levava a efeito, quando trocava idéias com a esposa e os filhos acerca dos inumeráveis problemas relacionados com os interesses mediatos e imediatos que lhes diziam respeito, ocasiões em que procurava firmar a unidade familiar e formar o caráter dos descendentes que a Vida lhe confiara. Falava de negócios, da educação, da religião e do comportamento reto que se impunha no resguardo dos valores morais e intelectuais da família.

Agora, a nobre senhora, afundada na almofada macia e revestida de veludo vermelho, sentia sobre os ombros o peso enorme da responsabilidade que lhe adviera com a morte do esposo.

## SENZALA

Deixou que todos se acomodassem. Cidália postou-se ao seu lado, sentada em graciosa banqueta de pés recurvados; Alberto e Francisco deixaram-se cair no sofá que compunha o conjunto, pensativos e desalentados.

Nos olhos de todos, marcados pelo pranto inconformado, transpareciam tristeza e cansaço. A dor abrira sulcos profundos naquelas almas acostumadas à felicidade.

De todos, porém, quem aparentava melhor disposição era Alberto. Moço, de 24 anos, cursava o último ano da Faculdade de Direito, atendendo às próprias inclinações e aos conselhos paternos que lhe previa um futuro promissor face ao brilho da sua inteligência. O Coronel sonhava colocá-lo, mercê dos méritos próprios, e da sua influência política, em altos postos do governo, facilmente acessíveis, também, pela qualificação acadêmica.

Há oito anos, deixara a fazenda rumando para São Paulo, a fim de estudar. Talvez por isso, por ter-se afastado da convivência paterna, sentia menos o peso do adverso acontecimento, embora não pudesse esquecer do carinho que recebera e do apoio que o pai sempre lhe emprestara, cumulando-o de recursos.

Ponderara, durante os dias anteriores, na situação nova que sobreviera e já se conformava em renunciar aos sonhos que agasalhara para o futuro. Sabia que sua mãezinha não poderia lhe prescindir o concurso para a gestão dos negócios.

Tivera oportunidade de estudar e conhecer o mundo fora da herdade, adquirindo valores para assumir tamanha responsabilidade.

Era um moço saudável e de caráter rijo, formado ao influxo de uma educação que sobrelevava o indeclinável cumprimento do dever e o mais profundo respeito às leis. Contudo, não assimilara, do pai, inteiramente, os valores da bondade que sabe ajustar as situações às conveniências da fraternidade mais pura. Muitas vezes, por isso, discordava, intimamente, da liberalidade do pai e da extremada tolerância com os subalternos. Nem por isso, até aquele momento, criticara, ostensivamente, qualquer ato paterno ou procedera contrariamente às linhas gerais de vivência que o Coronel impusera a todos.

Orientava-lhe o princípio de "a cada um o seu" e, nessa norma, encontrava a segurança da ordem social. Não aprendera a adocicá-la com os benefícios da tolerância e da paciência, da renúncia e do perdão, que fizeram do Coronel Sousa aquele exemplo maiúsculo de personalidade tão querida.

Todos, entretanto, confiavam nele e esperavam soubesse inspirar-se, na vida prática, nos exemplos e na orientação deixados pelo pai.

Francisco, o outro irmão, contava apenas 16 anos de idade. A diferença de tempo entre ambos ocorrera em virtude de D. Maria Cristina ter abortado duas vezes seguidas e o médico prescrever-lhe um período de resguardo, no qual deveria abster-se de engravidar-se. Refeita dos inconvenientes orgânicos, predispuseram-se a novo filho, pelo qual o casal suspirara durante sete anos.

Francisco era uma alma lúcida e generosa. Companheiro inseparável do pai, acompanhava-o, desde os dez anos, quase durante o dia todo, movimentando-se feliz pela propriedade e seguindo com profundo interesse a atividade paterna. Amava a terra e amava a todas as criaturas daquela singular comunidade. Crescera brincando entre os negrinhos, filhos de escravos, na mais completa cordialidade. Nunca tirara partido da situação que os diferenciava. Tratava-os como irmãos, respeitando-os como tal e, nessa vivência humilde e fraterna, comunicava-lhes os valores que recebia em casa, de maneira que seus companheiros lhe imitavam a educação e o trato. Quem chegasse na fazenda, de inopino, e o surpreendesse nos folguedos alegres, junto aos filhos de escravos, nem de leve suspeitaria de que aquela criança, formosa e singela, misturada à gente de cor, fosse filha do Coronel Sousa. E isso tudo acontecia para alegria dos pais, que viam naquela fraternidade espontânea uma preparação para a continuidade do tipo de vida que imperava na fazenda quando, por força do destino, o Coronel partisse.

Ao chegar a hora de decidir-se o seu futuro pediu aos pais, entre lágrimas, para que não o afastassem dali a fim de estudar, falando do seu amor à terra e àquela gente sem a qual não saberia viver. O casal, embora com alguma relutância, assentiu em que ele ficasse e se preparasse, junto ao pai, para gerir os negócios da fazenda, no futuro. Por essa razão, o Coronel Sousa o fazia acompanhar e lhe explicava, muitas vezes até com exagero, os fundamentos das suas providências e decisões.

Assim crescera ele, assimilando todos os valores do pai e, não poucas vezes, quando este precisava ausentar-se, era ele quem transmitia as ordens paternas e acompanhava Romualdo, o capataz, na supervisão dos serviços.

Era ele quem primeiro sabia das dificuldades dos escravos, seus problemas e suas doenças, pelo contato com os companheiros humildes que lhe contavam as peripécias do lar, levando-as ao conhecimento do genitor para que tomasse as providências cabíveis e sanasse as dificuldades.

Conquanto jovem, era um espírito sábio. Não era só com o pai que enriquecia sua alma de conhecimentos e sabedoria. Todas as tardes, ia até a casa do "tio" Henrique, velho escravo que o pai aposentara, e, sentado sob a proteção de uma laranjeira que vicejava ao lado da casa, conversava com ele horas a fio.

O "tio" Henrique, um velho cheio de sabedoria, falava com segurança de todos os deveres do homem. Fora chefe da sua gente, e arrebatado pelos escravocratas.

No Brasil, venderam-no ao Coronel Sousa. Desde logo, este vislumbrou-lhe a finura aristocrática e a vasta visão de comando, além da sua humana e profundamente singular maneira de tratar as pessoas. Sabia comandar, sabia fazer respeitar-se, revelando-se mestre pela extrema bondade com que encarava as coisas e as pessoas. Fora o capataz até há alguns anos, quando, em virtude de um reumatismo pertinaz, o Coronel aposentou-o.

Foi com ele que o Coronel Sousa formou a sua filosofia de vida e estruturou a sua personalidade, capacitando-se para comandar, como comandou, com tanto sucesso aquela comunidade que lhe devotava tão extremado amor e respeito como se um deus fosse. Quase todos os dias, desde o princípio de sua convivência, o Coronel ia ter dois dedos de prosa com ele, ouvir suas opiniões a respeito dos problemas que lhe afligiam e, não raras vezes, "tio" Henrique dava-lhe a solução integral.

Era ainda, o bom velho, o conselheiro de todos os escravos, os quais, praticamente, nada faziam sem antes consultá-lo.

Francisco, também, na longa e agradável convivência com "tio" Henrique assimilara-lhe os ensinamentos. O preto velho falava do espírito, da bondade de Deus, da vida que existia além da morte e da necessidade de se viver em paz com a consciência, supremo tribunal dos nossos atos. Ensinava-lhe o *abc* da bondade e da humildade como chave capaz de abrir todas as portas e todos os corações. Contava-lhe histórias do seu povo e de homens maus ou bons que encontravam, sempre, à sua frente, castigo ou recompensa. Ensinava-lhe, por essas vias, como ensinara a seu pai, que os pretos também eram gente de Deus como os brancos.

Nessas duas fontes cristalinas de humanidade, Francisco bebera os exemplos e os ensinamentos que lhe emprestavam, mesmo em tenra idade, tanta sabedoria.

— Pena que Francisco fosse apenas um jovem, sem idade bastante para assumir, nessa emergência, a gestão dos negócios da fazenda! — era o que estava pensando D. Maria Cristina ao olhá-lo com ternura naquele instante, quando, à sua frente, triste e mergulhado em profundas reflexões, Francisco aguardava a sua palavra.

Cidália tinha catorze anos e, se se cumprissem os planos paternos, no princípio do ano, demandaria um colégio em São Paulo para iniciar-se nos estudos superiores. Simples e bonita, os cabelos loiros lhe emolduravam as faces graciosas, encimadas por dois olhos azuis tão serenos como a placidez do lago em tarde de calmaria. Também ela crescera brincando com o irmão e com as meninas da fazenda, herdando as virtudes primorosas de seus pais e, mais particularmente, de sua genitora de cuja boca nunca ouvira uma recriminação ou uma impropriedade.

Nesse instante, na sala sóbria e ampla da casa grande, reuniam-se quatro almas valorosas, para as quais o destino abria um novo capítulo em suas vidas.

Todas essas considerações passaram pela cabeça de D. Maria Cristina, enquanto reunia forças para iniciar o entendimento e olhava, enternecida, os filhos que a rodeavam.

— Meu filhos — disse ela, afinal — estamos reunidos para decidirmos o que faremos daqui para a frente. Os dias de luto que vivemos, creio, já bastaram para que extravasássemos todas as nossas tristezas. Com a morte de Sousa cabe-nos, sem mais tardança, tomarmos as decisões que orientem nossas vidas. Sei que não é fácil, já que vivemos tanto tempo despreocupados, sob a sombra da sua autoridade, que a tudo provia. Contudo, não podemos nos entregar à inércia e ao desconsolo. É necessário que enfrentemos a realidade, e assumamos as nossas obrigações em novo nível. Graças a Deus, recebemos o fardo desta hora suportado sobre bases sólidas, que a generosidade do meu marido conseguiu edificar. Estamos cercados de criaturas que nos respeitam profundamente e que, sem dúvida, jamais nos suscitarão problemas insolúveis. Diz-me o bom-senso que apenas cuidemos de dar continuidade aos princípios que nos nortearam até aqui, para que tudo saia bem, em nosso benefício e em benefício dos que dependem de nós. Lembremo-nos ainda hoje, principalmente, que o mesmo amor deve presidir os nossos atos e decisões, como Sousa nos ensinou, pois só o amor constrói. Esta fazenda nunca teve escravos e nunca os terá, conquanto as leis do nosso País os qualifiquem como tais. As criaturas que estão lá fora, ansiosas por saberem o que lhes espera doravante, talvez até medrosas do dia de amanhã, são nossos irmãos em Humanidade, gente como nós que pensa e sente, ama e se multiplica aspirando aos mesmos valores espirituais que nós buscamos. Nunca nos esqueçamos da lição simples da Natureza, entendendo que o mesmo sol que banha e vivifica os lírios do campo, também atende às necessidades do pântano, e a mesma vida de Deus que anima os homens, anima, também, as serpentes mais temidas.

— Nunca deixemos, meus filhos, — continuou depois de uma breve pausa — os caminhos que vimos trilhando e, aconteça o que acontecer, cerremos os nossos corações à visita do orgulho e da vaidade. A vida, lá fora, nos convida às diferenças sociais e à preservação da posse; lembremo-nos de que tudo o que temos é apenas empréstimo da misericórdia de Deus, pois, por Sua vontade, os espíritos que animam corpos de senhores poderiam estar, agora, na carne de um negro humilhado e explorado que não recebe, em troca do seu suor, nada mais que a senzala infecta e a chibata impiedosa. Os caminhos dos homens são estranhos e insondáveis; vocês poderão dizer que deliro, porquanto nunca ninguém provou isso, contudo, é justo considerar que, com esse amor, meu marido construiu a nossa felicidade e a felicidade dessa gente cativa. Não olvidemos, destarte, que sem nunca usarmos o poste e a chibata, e sem nunca privarmos os nossos servidores do essencial, esta é a fazenda mais próspera do Estado. Digo isso porque sei que se Sousa aqui estivesse, sabendo que amanhã não mais voltaria, isso mesmo iria recomendar a vocês, porque nos longos anos que aqui vivemos aprendi com ele e com a vida, todas as coisas de que lhes falo.

Os olhos dos três jovens estavam marejados de pranto, agora de emoção, de uma emoção sublimada, pois lhes parecia que as palavras da genitora, tocadas de um estranho encanto, vibravam-lhes nas fibras mais íntimas. Tinham mesmo a impressão de que estavam sob a influência de forças superiores, e as palavras de D. Maria Cristina eram proferidas sob inspiração divina.

A nobre senhora fez uma pausa, sensibilizada pela reação dos filhos, temerosa de ter a voz embargada pela emoção que também experimentava.

— Alberto, — disse ela dirigindo-se ao mais velho — você, meu filho, vai ter que sacrificar pelo menos até que o Francisco adquira a maioridade, os seus sonhos de homem prestes a realizar-se no trabalho próprio. Só você está em condições de assumir a responsabilidade dos negócios. Nós precisamos que você retorne aos estudos, conclua o seu curso, e regresse para cá a fim de tomar o seu lugar. Até lá, o Francisco e eu cuidaremos de tudo para que nada sofra solução de continuidade.

— Sim, mamãe, — atalhou o rapaz —. Nestes dias, venho pensando nisso, e já tinha mesmo decidido a fazer o que agora me recomenda. É uma obrigação que se me impõe e da qual não poderia furtar-me. Alegro-me de a senhora ter ferido o assunto de maneira tão franca e objetiva.

— Francisco, — disse ao rapaz que a fitava embevecido pela firmeza das palavras maternas — você com Romualdo, de amanhã em diante, providenciarão para que tudo seja atendido como vem sendo até aqui. Você conhece todos os problemas da fazenda, e não terá dificuldades, creio eu, para dar-lhes andamento.

— Cidália, — disse em seguida à menina — os seus planos seguirão o curso normal. Em fevereiro, você irá para o colégio e encetará os seus estudos.

— Esperemos meus filhos que tudo nos saia bem e que a Misericórdia de Deus, que houve por bem levar meu companheiro, nos socorra sempre — finalizou a nobre dama, colocando os filhos à vontade para a conversação.

## III

## NOVOS RUMOS

No dia seguinte, aos primeiros albores da madrugada, a família Sousa já estava desperta para despedir-se de Alberto, que regressava a São Paulo a fim de retomar os estudos.

Mal se despedira, rumando para a cidade, D. Maria Cristina acercou-se de Francisco, recomendando-lhe sobre o trabalho que começaria a desenvolver e incentivando-o para que o assumisse dentro do mesmo espírito que norteara o pai.

Francisco beijou-a, enternecido, e demandou a colônia, pelos mesmos caminhos que palmilhara, quotidianamente, com o genitor. Enquanto andava, parecia sentí-lo ao lado pisando a grama molhada de orvalho.

A casa grande ficava no alto da colina, e a colônia alguns lances abaixo, separada, cerca de duzentos metros, pela encosta bem trabalhada, onde alguns cortes de terra formavam planos em que se dispunham os terreiros de café, que tinham acesso por pequenas escadas de tijolos.

Francisco parou no alto do primeiro lance, e contemplou a fileira de casas geminadas, dispostas em longa construção emoldurada de uma infinidade de portas e janelas, pintadas e alegres. Defronte a comprida construção, havia um pátio de mais ou menos quinze metros de largura, onde, em sua meninice, brincava o dia todo. Nessa hora, o pátio estava tomado pelos trabalhadores que aguardavam as ordens do dia.

Olhando a multidão que sobraçava enxadas e outros instrumentos agrícolas, evocou, emocionado, a figura austera e doce do pai.

O genitor, sabiamente, não construíra as clássicas senzalas onde os cativos viviam em promiscuidade. Atendendo às ponderações de "tio" Henrique, que o convencera da vantagem de ter sob suas ordens pessoas agradecidas, inovara corajosamente, fazendo construir casas separadas onde as famílias se alojavam com toda a dignidade, e viviam a sua própria vida. Fizera questão de que todos se sentissem gente, e gozassem da necessidade fundamental de viverem reunidas, cada família, em seu lar. Eram casas simples, mas asseadas, suficientemente amplas para que se dispusessem comodamente.

Viviam com a maior alegria e com todo o respeito. Cozinhavam a própria comida, ao invés de se alimentarem de uma cozinha comum. Distribuídas as rações de cada família, a própria D. Maria Cristina supria-lhes de tecidos para a confecção de suas roupas. Por isso, talvez, lá embaixo, via os negros bem limpos e decentemente vestidos. Aliás, o Coronel Sousa fazia questão de que todos praticassem hábitos de higiene.

Na verdade, auxiliado por "tio" Henrique, homem íntegro que tinha grande ascendência sobre os cativos, implantara princípios rígidos de moral e de respeito. As mulheres, ali, não serviam de pasto para os apetites animais de capatazes e colonos brancos e para as investidas dos próprios negros, como acontecia nas outras fazendas, onde a promiscuidade e a devassidão imperavam.

Recordou que certa feita um negro estuprara uma jovem de cor e o Coronel, sem contudo castigá-lo fisicamente, mandara vendê-lo na cidade, no mercado de escravos. Para aquela gente, esse era o castigo maior: a perda do convívio daquela comunidade, onde eram, verdadeiramente, "gentes" ao invés de "coisas".

Os negros casavam-se na Igreja, de véu e grinalda, como qualquer branco, para escândalo dos outros fazendeiros e com certa relutância do senhor vigário, que só oficiava as uniões tendo em vista as benesses que o generoso fazendeiro lhe dispensava em favor da paróquia. O fato é que os negros se casavam ganhando, em seguida, o próprio lar, onde constituíam a prole.

– Que coração generoso! – pensava. Que sabedoria extraordinária a de seu pai que com isso, pequeninas coisas que nada lhe custavam, ganhava num crescendo a veneração dos cativos!

## SENZALA

Nunca, na fazenda, ocorreram brigas ou motins, nem qualquer cativo fugira, enquanto que, nas outras, alguns fazendeiros necessitavam até de um pelotão de captura para caçar os negros no mato. Nunca se fincara, naquele chão dadivoso, um tronco de pelourinho, nem se usara de uma chibata para castigar alguém. Sem dúvida, a sua casa era uma nesga de céu plantada na Terra, indiferente aos reclamos do mundo hostil que a rodeava.

Imerso nessas reflexões de reconhecimento e de saudades, venceu, vagarosamente mas a passos firmes, todos os lances do caminho, até o pátio onde era aguardado.

Acercou-se de Romualdo, e pediu que reunisse todos ao seu redor, para falar-lhes.

O jovem proprietário, com voz serena, ante o silêncio expectante de todos, tomou a palavra:

— Meus amigos! — disse com aquela sinceridade que o caracterizava — nada mudará em nosso relacionamento com vocês. Tudo será como antes. Procuraremos agir dentro dos mesmos princípios de nosso pai, e vocês continuarão a ser, para nós outros, o que sempre foram até aqui. Pedimos a mesma ordem e o mesmo respeito que sempre imperaram nesta fazenda, e que nos assegurou uma convivência feliz. Ninguém tema por coisa alguma, conquanto se esperará de todos a mesma conduta exigida por meu inesquecível pai. Vamos trabalhar todos unidos, como se meu pai daqui nunca se houvesse ausentado. Romualdo, como sempre, lhes transmitirá as ordens, e a nossa vida continuará como antes.

O silêncio profundo que todos guardavam, era bem uma demonstração evidente de que o jovem fazendeiro não teria qualquer dificuldade para realizar o seu trabalho.

Em seguida, Romualdo expediu ordens para todos os grupos, que se separaram alegres para os misteres do campo.

À porta da casa grande, D. Maria Cristina, que acompanhara com o olhar umedecido os passos do filho, e que, em sua parada momentânea, supusera que ele vacilava, quando os trabalhadores se dispersaram, conquanto não pudesse ouvir o que o jovem lhes falara, não pôde conter o sorriso de satisfação que lhe assomou aos lábios. Ali ficou até o jovem afastar-se na curva do caminho, em demanda dos pesados encargos que tão prematuramente lhe chegavam.

E os dias se sucederam uns aos outros, retomando a fazenda o seu ritmo normal de trabalho, com a família Sousa se ajustando, sem maiores dificuldades à contingência que lhe sobreviera.

o

Depois que se desligara dos seus laços físicos, carregado pelos braços amoráveis de sua mãezinha, Sousa demandara uma cidade espiritual em esfera vizinha à crosta planetária, onde foi depositado em confortável leito de hospital.

Após o encontro com a genitora, sentira uma sonolência invencível e se rendera a ela.

No dia seguinte, despertou surpreso procurando analisar a própria situação, colocado ali em quarto confortável, e sentindo uma leveza indescritível.

Procurava rememorar as horas angustiantes que vivera lembrando o encontro com sua mãe, e a evidência de que havia morrido. Apalpou-se, algo amedrontado, e verificou, sem muito esforço, que estava íntegro. Era ele mesmo, senhor dos próprios pensamentos e ser vivente, conquanto a ocorrência da morte física, indiscutível. Sentia o coração bater, respirava, e até experimentava sensações de fome.

Lembrou-se das conversas com "tio" Henrique, quando o preto velho lhe falava da imortalidade do Espírito e lhe assegurava que a morte nada mais era que uma pequena transformação, sem o poder de aniquilar a personalidade. Dizia-lhe que o Espírito habita outros planos de vida, mais puros e mais felizes, e que cada um continuaria a ser aquilo mesmo que sempre fora. Falava-lhe do reencontro com seres queridos, que nos antecedem na morte, e assegurava-lhe que os laços de amor vigiam por toda a eternidade. Sempre amara profundamente o velho servidor e admirara a sua sabedoria, mas, só agora podia avaliar o quanto, realmente, era sábio, perguntando-se como aquela criatura podia conhecer esses mistérios inacessíveis aos mais cultos da Terra, inclusive aos sacerdotes, nos quais, muitas vezes, surpreendera o medo de morrer e a mais crassa ignorância de tudo isso que via e que sentia.

Recordou-se das crenças do céu e inferno, diabos e purgatório, e das teorias materialistas que não viam, além da morte, nada mais que o não-ser. Na verdade, nunca dera muito crédito às afirmativas arrojadas de "tio" Henrique, contudo, jamais aceitara o nada materialista, nem as soluções, muito humanas que a Igreja procurava dar às implicações da morte.

Estava mergulhado nessas reflexões sérias, quando bateram delicadamente à porta, e uma enfermeira entrou no recinto, acercando-se do seu leito.

– Irmão Sousa, – disse ela – como se sente?

– Confuso, honestamente confuso – retrucou espontaneamente.

A moça estampou um sorriso generoso de compreensão e, afagando-lhe os cabelos grisalhos, confortou-o:

– Na verdade, sem ter-se preparado para esta experiência, nem seria justo esperar que você tivesse explicação para as novidades com que se depara.

– Diga-me, senhorita, onde estou? – arriscou Sousa, ante a cordialidade da visitante.

– Você está em uma cidade espiritual bem próxima da Terra, para um estágio de convalescença e adaptação neste hospital. Conquanto se surpreenda vivo e me veja corporificada como qualquer ser humano, somos nós os "mortos" do Planeta, que deixaram os corpos para os vermes a fim de que o Espírito pudesse librar-se para a verdadeira vida. Tivemos, nós todos, na Terra, noções errôneas acerca do fenômeno da morte, mas, graças a Deus, podemos nos sentir bem vivos e nós mesmos, após o decesso físico – respondeu-lhe a jovem amavelmente.

– Perdoe-me – retrucou Souza, respeitoso – mas não estou podendo entender como me sinto assim completo, com as mesmas sensações de vida. Seria isso, por acaso, a ressurreição da carne, de que falam os sacerdotes?

— Não, meu irmão, — respondeu a atendente com largo sorriso de benevolência — nada mais de carne, estamos, isto sim, diante da ressurreição do Espírito. A carne é instrumentalidade terrena de que se vale o Espírito para as suas experiências no campo físico. Mas, acalme-se e não procure solucionar de vez todas as suas interrogações, muito justas, aliás. Vamos dar tempo ao tempo e, pouco a pouco, você compreenderá todas as particularidades da sua nova vida. Nem é justo que eu lhe expenda conceitos que, talvez, não possa entender, agora, por desconhecimento dos princípios fundamentais que regem a vida do Espírito. Alegro-me de vê-lo sereno e confortado, pois isso é o principal para a sua adaptação, no momento.

Para surpresa de Sousa, nesse instante, entrou no quarto um homem, aparentando meia-idade, portando uma pasta cheia de instrumentos, acercando-se do seu leito.

— Este é o irmão Salvius, — noticiou a jovem apresentando-o a Sousa. Ele o atenderá na convalescença, e o orientará com segurança. Chamo-me Alice, e quando precisar de mim, para alguma coisa, basta puxar esse cordel, logo acima da guarda da cama, e virei imediatamente para atendê-lo.

Despediu-se de Sousa, deixando-o com o visitante. Este desamarrou a sacola retirando uma série de instrumentos, passando a auscultar-lhe o organismo, silenciosamente. Depois de um minucioso exame, a que Sousa assistira maravilhado, depositou os instrumentos sobre a mesa e dirigiu-lhe a palavra:

— Meu irmão, você chega em boas condições ao nosso plano. Creio que amanhã mesmo poderemos sair para um passeio no parque. Por ora, descanse e procure não se inquietar com interrogações desnecessárias, que só poderão prejudicar-lhe a recuperação.

— Meu amigo, — arriscou Sousa — todos morrem do mesmo modo?

— De forma alguma, — respondeu Salvius, afavelmente. Cada um morre como pode, isto é, de acordo com os valores que ajuntou para si no enriquecimento do Espírito. Você teve o privilégio de despertar nos braços maternos, tão logo se lhe destrambelhou a máquina física. Outros, no entanto, são constrangidos a acompanharem os próprios despojos, assistindo-lhes à decomposição ou a desligarem-se perturbados, vagando sem rumo por dias, meses e até séculos; outros ainda, porque acreditavam fosse a morte o termo da vida, dormem irremediavelmente por longos períodos.

Sousa experimentou um calafrio diante da notícia que recebia, e rendeu graças a Deus por não ter atravessado essas experiências dolorosas.

— Contudo, acalme-se — continuou o instrutor ao perceber-lhe o espanto. Logo você compreenderá os mecanismos dessas situações, e sentir-se-á muito feliz pela vida que viveu. Homem da terra, algum dia você colheu o que não plantou?

— Não — respondeu Sousa — nem poderia esperar isso.

— Da mesma forma, meu amigo, em qualquer plano da vida, cada um de nós recolhe os frutos da própria semeadura. Amanhã, conversaremos com mais vagar. Preciso ir, outros afazeres me esperam – arrematou Salvius, retirando-se do quarto e fechando delicadamente a porta, enquanto Sousa tornava, sozinho, à meditação.

o

Na noite anterior, depois de ingerir agradável alimentação que Alice lhe trouxera, Sousa dormiu profundamente.

Despertou aos primeiros raios de sol que lhe invadiram o quarto amplo, quedando-se na cama pensativo, rememorando as impressões do dia anterior e dando campo a uma multidão de interrogações que lhe povoaram o espírito.

Jamais se preocupara em analisar o fenômeno da morte e as suas consequências. Fora essencialmente prático e o seu dia, na Terra, era absorvido, inteiramente, pelos problemas do momento. Seu trabalho, suas extensas responsabilidades, tomavam-lhe todos os minutos de forma que não aprendera a pensar nas coisas que lhe fugiam ao interesse imediato.

Algumas vezes, na Igreja. ouvira os sermões do vigário à respeito da sobrevivência do Espírito, contudo, como sua razão não aceitava aquelas soluções, relegava o assunto para plano inferior. Agora via que, mesmo religioso, de certa forma, não acreditava na vida depois da morte, porquanto o assunto nunca lhe merecera maior atenção.

Se colhera bênçãos de assistência carinhosa, fora por misericórdia de Deus, porque nada fizera, na vida terrena, tendo em vista a preparação dessa situação privilegiada. Entretanto, ali estava, e dava graças à Divina Providência por não ter mergulhado no caos, ante o evento que o desligou do veículo físico.

Lembrou-se das horas aflitivas da desencarnação, quando foi constrangido a assistir, imobilizado, às cenas dolorosas que se desenrolaram ao seu derredor, no extravasamento afetivo de familiares e servidores.

Surpreendia-se por não agasalhar muita preocupação com a posição da família face aos problemas que ficaram dependendo, agora, para sua continuidade, da ação de outros responsáveis.

Afinal – obtemperou de si para si – tudo estava em ordem e os familiares saberiam, sem dúvida, continuar a vida, na fazenda, no mesmo ritmo. Os recursos financeiros que lhes deixara, bastariam para que vivessem tranquilos, e sua esposa e filhos estavam acostumados ao equilíbrio que não exige muito para manter-se. Alberto deveria formar-se em breve, e tinha tudo para abrir largos caminhos de progresso. Francisco conhecia os misteres e as necessidades da fazenda e poderia ajudar sua mãe com muito sucesso. Cidália iria para o colégio e ficaria, assim, protegida. Quem poderia sentir mais a sua falta, seria Maria Cristina, já que após 25 anos de convivência feliz, seria constrangida à solidão afetiva; restava-lhe, contudo, dividir o seu grande amor entre os filhos e arrimar-se neles para contrabalancear-lhe a ausência.

Caminhava por essa vereda de indagações, quando Salvius entrou no quarto e, alegremente, convidou-o para um passeio no parque contíguo ao hospital.

## SENZALA 43

Vestiu-se rápido, ansioso por tomar contato com as novidades lá de fora, conhecendo, assim, o mundo espiritual além das paredes acolhedoras daquele aposento.

Ganharam um longo corredor onde jovens enfermeiras iam e vinham, sozinhas ou em grupos. Presumia serem enfermeiras em razão da vestimenta e dos petrechos que portavam, com características de serem para uso médico.

Tudo era um silêncio respeitoso. As moças conversavam, sorridentes e felizes.

— Este hospital – disse Salvius procurando estabelecer o diálogo franco e fraterno – abriga quase um milhar de espíritos recém-vindos do plano físico. Estamos em ala destinada aos irmãos que retornam em melhores condições mentais, existindo outras, no entanto, em que a impressão, dada a perturbação dos que ali se abrigam, não é tão boa e tão serena como a que você sente aqui. Todavia, sua reação seria filha do desconhecimento da vida que nos cerca; nós, os que aqui lidamos, no entanto, acostumados ao trato com os hóspedes e com as nossas obrigações de mantença de equilíbrio mental e emocional, não notamos muita diferença.

A esta altura, os dois alcançaram grande *hall* onde alguns Espíritos conversavam, em grupos dispersos. O *hall* dava para uma escadaria externa de onde se descortinava formoso parque, marcado de canteiros dispostos em graciosos contornos. Árvores frondosas e delicadas, conquanto de porte médio, ofertavam sua copa larga e espessa à sombra acolhedora, enriquecida por bancos formados de vegetação verde e florida oferecendo-se para o descanso dos internados. Entre os canteiros, as ruas pavimentadas em pedra colorida, formando desenhos harmoniosos, contrastavam com o verde da grama bem cuidada e as variedades de flores multicoloridas do imenso jardim.

Centenas de pessoas estavam dispersas pelo parque, em animada e alegre conversação, ou andando pelas ruas sinuosas, ou sentadas sob a copa das árvores.

Sousa estava embevecido diante do espetáculo de singular beleza. Seus olhos percorriam todo aquele ambiente acolhedor, maravilhados e surpresos. Jamais poderia supor que, além das fronteiras misteriosas da morte física, pudesse existir uma vida tão exuberante a manifestar-se em espetáculo de beleza indescritível.

Salvius convidou-o a sentarem-se em gracioso banco de relva.

Sousa temia abusar do amigo, todavia, uma multidão de perguntas se engatilhavam em sua cabeça diante de tanta coisa nova para o seu entendimento.

— Que lugar maravilhoso! — exclamou, procurando o início da conversação que ansiava levar a termo com vistas ao esclarecimento da sua curiosidade.

— Sem dúvida — respondeu Salvius. Este é um dos parques mais graciosos e acolhedores do nosso hospital, conquanto, na cidade onde estamos, existam muitos deles, mais belos ainda, e nos quais as criaturas da nossa comunidade passam horas agradáveis ao encontro dos amigos.

— Quer dizer, então, que estamos em uma cidade do mundo espiritual? perguntou Sousa algo intrigado.

— Sim — esclareceu o companheiro — uma cidade de dezenas de milhares de habitantes e algo parecida com as da Terra. Difere delas mais em razão da natureza da nossa comunidade, onde a vida transcorre em outros moldes e a organização social atende um tipo de interesse essencialmente coletivo. Aqui, todos vivem e trabalham voltados para um fim único: o bem-estar geral, enquanto na crosta cada um procura atender os próprios reclamos, indiferente às expectativas da coletividade.

— Então, aqui, também, todos trabalham? — perguntou Sousa, atalhando-lhe os esclarecimentos.

— E por que não? — respondeu o mentor, bondosamente. A vida não dá saltos, meu amigo, e, como você pôde testemunhar desde que aqui chegou, as pessoas que se movimentavam ao seu redor tinham uma função definida, sujeitando-se às exigências das tarefas que lhes cabiam realizar. Estamos muito longe da suposição, vigente na Terra, de que a morte é um descanso. Até que o Espírito baste a si mesmo, tem que percorrer longos caminhos da eternidade, que mal podemos divisar. Enquanto cada um de nós depender do concurso de outrem, com certeza, ali estará o trabalho organizado para atender a essa dependência.

— E como palmilharemos esses caminhos da eternidade, a que você se referiu? De que forma o Espírito alcançará essa auto-suficiência? — alongou Sousa.

— De que maneira, pergunto, a criança que começa no bê-a-bá chegará às luzes da cultura? Não será frequentando a escola e vencendo ano a ano, ciclo a ciclo, os cursos que escolheu? Da mesma forma o Espírito, só que a escola, para ele, é o cenáculo terreno onde reencarna sucessivamente, para enriquecer-se de valores que capacitem a sua realização própria. Nós morremos, renascemos na carne portando determinadas circunstâncias que se dirigem para a solução dos nossos problemas e para o nosso aperfeiçoamento espiritual. Sem que o suspeitemos, a vida à nossa volta se organiza em obediência a determinado esquema de realizações a que o grupo, do qual fazemos parte, se subordina. A nossa família, os nossos amigos, tanto quanto os nossos dependentes e aqueles dos quais dependemos, em síntese, constituem equipe que se movimenta em experiência coletiva, onde se resolvem problemas de reajuste e de evolução.

– E todos estamos, na Terra, subordinados a essas linhas da fatalidade, obedecendo a um determinismo que nos condiciona a existência? – perguntou Souza, algo desconcertado com as afirmativas do mentor que lhe abriam um campo novo para a compreensão dos problemas humanos.

– Não. Não é bem assim. Ao reencarnarmos, carregamos conosco um programa particular ajustado a um esquema coletivo. Cada um de nós, porém, mercê do livre arbítrio, pode cumprir, ou não, esse programa. Se cumprir, além de beneficiar-se das consequências benéficas dele decorrentes, pois vêm em atendimento às nossas necessidades espirituais, contribui para o sucesso da planificação coletiva. Se não cumprir, no entanto, além de desperdiçar a valiosa oportunidade que a existência física representa, perturba a realização do objetivo maior, de caráter coletivo. Não existem, em realidade, nem fatalidade nem determinismo condicionante, existem, isto sim, perspectivas pessoais e objetivos comuns – esclareceu Salvius.

— E por que não se proclama isso aos homens para que, conscientes dessas implicações, cada um viva com mais responsabilidade diante da vida? – perguntou Sousa, lembrando-se de que, na Terra nunca cogitou acerca desses problemas e nunca ouviu alguém falar deles.

— Recorde-se de Jesus e compreenderá. O Mestre esteve no plano terreno para transmitir a mensagem da Imortalidade e ninguém o levou a sério, culminando por crucificá-lo como impostor. Lembre-se, também, de que praticamente vinte séculos decorreram e ainda Ele não foi compreendido. Acontece que, os homens, no estágio evolutivo em que se encontram, ainda não reuniram valores para a compreensão da Vida Maior. Contudo, não se preocupe, pois estão bem próximos os dias de uma nova mensagem para a Humanidade e, tudo o que o surpreende, e de que nunca você ouviu falar, será desvendado aos homens. (*) Isso, porém, não quer dizer que, diante de uma nova revelação, a Humanidade se transformará. Serão exigidos ainda muitos séculos para que as criaturas humanas fixem as lições e se conscientizem, realmente, delas. A evolução é obra do tempo e não o resultado de proclamações extemporâneas. À medida que as gerações se sucedem na Terra, os Espíritos que retornam o fazem enriquecidos de valores espirituais e em condições de, a cada vez, entenderem mais e aceitarem melhor as novas idéias e revelações. Chegarão os dias luminosos em que cada criatura saberá, como. você assinalou, vi-

---

(*) Não se esqueça o leitor que os fatos aqui narrados ocorreram por volta de 1840, portanto, quase quatro lustros antes do advento da Doutrina Espírita que se deu com a publicação de "O Livro dos Espíritos" por Allan Kardec, em Paris, a 18 de abril de 1857. (Nota do Autor).

ver com inteira responsabilidade diante da vida – arrematou Salvius deixando-lhe campo aberto para novas indagações.

– Eu nunca cogitei do problema da morte, nem, em consequência, me preparei para ela; por que, então, não me foi tão violenta ou dolorida a transformação? – perguntou Sousa, respeitoso.

– Na verdade, o problema não é de preparação para a morte, mas de preparação para a vida. As criaturas que vivem retamente, acostumando o pensamento no sentido da justiça e do dever, estão preparadas para viverem em qualquer situação. Os que encontram grandes problemas na transposição do túmulo para a espiritualidade, são os que vivem artificialmente, extremamente apegados a interesses egoístas, ao redor dos quais fazem gravitar a vida, e os que, vivendo à margem do dever e da justiça, criaram muitos conflitos de consciência. Os primeiros chegam aqui desarvorados, incapazes de se livrarem de suas criações mentais que os mantêm algemados; os segundos nos alcançam à maneira de alienados, sufocados pelo medo, e atormentados pelas tenazes férreas do remorso e da vergonha. Os habitantes dos planos inferiores e os grandes doentes do espírito são, geralmente, delinquentes que lesaram o patrimônio próprio ou alheio. Você viveu uma existência profícua; conquanto tivesse interesses próprios em jogo, não se esqueceu de estender os seus recursos e a sua benevolência para com todos que o cercavam. Onde a maioria via cativos, você identificava irmãos; a sua família transbordava do seu lar. Enquanto a praxe era o pelourinho, você ensinava pelo perdão e pela tolerância. É justo mencionar que você procurou viver em um clima mental onde cabiam todas as virtudes e com o espírito aberto ao entendimento de todas as situações. Tal disposição, meu amigo, é imperativa tanto no Planeta quanto aqui, no plano espiritual, para que o Espírito viva bem – arrematou o mentor.

– Quer dizer, então, que há uma continuidade da nossa situação na Terra? Os nossos escravos, por exemplo, que não desfrutaram dos privilégios que desfrutei, mercê da minha posição, chegarão na mesma condição de inferioridade? – inquiriu Sousa.

– Não é bem assim – respondeu Salvius, sorridente. Estou falando de situação mental, que diz respeito ao nosso mundo interior. A condição de escravo não proíbe que a criatura viva num clima mental superior; ao contrário, pela contingência da subalternidade, tem maiores motivos para educar o espírito nas linhas da tolerância e da humildade, da compreensão e do dever. Basta-lhe não asilar o monstro da revolta, nem entregar-se à fogueira da inveja para que a existência lhe seja sumamente proveitosa. Da mesma forma, privado de todos os recursos materiais e morais sabe, mais facilmente, entender as dificuldades alheias e não existe ninguém tão pobre que não tenha algo de si mesmo para dar, seja uma palavra de carinho, seja um gesto de compreensão. Quando sofremos e aceitamos com humildade esse sofrimento, estamos, também, com o espírito preparado para as mais duras realidades e com a mente aberta à compreensão de todos os problemas. A continuidade, como você pode perceber, diz respeito às nossas disposições espirituais e não à nossa situação no mundo material. Agora que você está desenfaixado do plano físico, quando lá retornar como espírito, terá oportunidade de verificar que, entre os que habitam as senzalas, estão espíritos de sublimadas virtudes e grandes méritos espirituais.

— Já que você feriu o assunto, quando poderei voltar para rever o meu ambiente doméstico? — perguntou Sousa, um tanto constrangido por alcançar assunto mais pessoal.

— Tão logo reúna condições para isso — respondeu o mentor. E continuou:

— Aqui, meu amigo, você está protegido pela qualidade do ambiente, sem problemas de interação com forças negativas. Na crosta, a sua situação seria diversa. A convivência com um meio extremamente conturbado poderia afetar-lhe o equilíbrio, já que você não dispõe de conhecimentos bastante para armar a própria defensiva. A partir de amanhã, você passará a frequentar um curso especializado, aqui mesmo no hospital, onde aprenderá os meandros dessa interação e poderá compreender a complexidade da nossa vida mental. Quando terminá-lo, estará em condições de regressar ao Planeta, sem grandes riscos.

Convidado ao retorno, Souza levantou-se e caminhou ao lado do companheiro para o vasto e acolhedor edifício onde estava internado.

## IV

## OS CAMINHOS DA INTRIGA

    Era fevereiro. A família Sousa, com o perpassar dos dias, vencera a crise da ausência do chefe. Poucas coisas mudaram na fazenda, graças ao espírito de disciplina que fora implantado pelo Coronel, de tal sorte que, acostumados todos ao cumprimento rotineiro do dever, os serviços quase não sofreram solução de continuidade. Os dias de tristeza e de saudades foram-se deixando banhar pelo sol da realidade, e onde medravam os espinhos do desconsolo já começavam a florir as rosas da conformação.

    Cidália partira para o colégio em São Paulo, e Alberto retomara, formado em Direito. Renunciando aos seus planos de realizações pessoais, o rapaz assumiu o lugar do pai, descansando dos ombros da genitora as graves responsabilidades da gestão dos negócios.

Alberto unira-se ao irmão e, junto a ele, ia-se inteirando de todas as exigências do serviço administrativo. Graças à cultura que absorvera na escola e ao trato com o mundo exterior, fácil lhe foi entrosar-se no trabalho.

Arrimara-se no fiel capataz Romualdo e recebera dele todas as informações acerca dos problemas que envolviam a produção da herdade, e as relações com o pessoal que lhes servia nos misteres do campo.

Não teve maiores dificuldades, também, para por-se a par das particularidades superiores dos negócios. D. Maria Cristina, aliviada, entregou-lhe todos os documentos do pai de maneira que, rapidamente, fez funcionar a máquina financeira da fazenda, algo emperrada pois dependente da atuação da genitora, que não estava acostumada a manobrá-la.

Tudo ia bem. Os escravos olhavam com simpatia o novo dirigente, tributando-lhe o mesmo respeito e a mesma consideração que devotavam ao genitor, recebendo dele, espontaneamente, as mesmas regalias e assistência que sempre tiveram.

Isso, no entanto, não agradava ao Barão Macedo, orgulhoso latifundiário e escravocrata que lhe compartilhava a vizinhança.

O Barão havia tentado, por todos os meios, demover o Coronel Sousa dos seus propósitos de liberalidade com os cativos. Sua fazenda tinha centenas de escravos e, no seu entender, a conduta de Sousa, nesse particular, era um mau exemplo que incitava os es-

## SENZALA 53

cravos dos outros senhores à revolta. De fato, os negros que lhe enchiam as senzalas infectas, onde viviam como animais, eram constantes amotinados, prontos para a fuga à mínima invigilância dos truculentos capatazes, zelosos na aplicação da chibata que zurzia o dia todo. O rendimento dos seus negros era escasso porquanto, na improdutividade, tinham chance de vingar os maus tratos. No entanto, dada a rotina dos castigos, imperantes em todas as fazendas, o seu insucesso e os seus problemas com os cativos eram debitados à conta do mau exemplo do vizinho. Desde há muito, em razão disso, cortara relações com Sousa.

Com a chegada de Alberto, jovem ainda, refinado pela vida da cidade, o Barão vislumbrou a oportunidade de convencê-lo a ajustar-se aos padrões escravocratas.

Encontrando-o, certo dia, por acaso, na divisa das duas propriedades, cumprimentou-o entusiasticamente, procurando envolvê-lo nas malhas de uma falsa amizade, desmanchando-se na referência aos dotes do rapaz, ao brilho da sua inteligência. Ao despedirem-se, convidou-o para o jantar, na tarde do dia seguinte, em sua casa onde, disse ele, sentir-se-ia honrado em recebê-lo.

Alberto deixou-se enredar pelas palavras adocicadas do Barão, simpatizou com ele e não teve dúvidas em aceitar o convite, o que fez de pronto e sem reservas.

O Barão exultou de aparente felicidade. Enfim, iria retomar o fio das suas antigas pretensões e contava convencer Alberto, ganhando a batalha que fora obrigado a adiar sempre, dada a firmeza do Coronel

Sousa, que nunca se deixara influenciar nos seus propósitos.

– Só a facilidade com que Alberto aquiescera ao convite – argumentava para si mesmo – era indício alentador de que o filho de Sousa, não era um "cabeça dura" como o pai.

Iria esperar, ansioso, pelo encontro.

Alberto, por sua vez, em regressando ao lar, vinha intrigado pela circunstância de seu genitor nunca ter tido relações mais estreitas com o Barão, homem de quem tivera boa impressão e que se evidenciava pelo fino trato.

Ao chegar em casa correu a dar, à genitora, a notícia do convite, a fim de abrir conversação acerca das relações do Barão com sua família e se inteirar dos pormenores determinantes da distância com que sempre se houveram.

D. Maria Cristina ouviu a novidade com desagrado, sem nada, no entanto, deixar transparecer, para não magoar o filho, entusiasmado com o convite.

– Mamãe, – inquiriu ele, forçando uma definição – por que nunca tivemos relações mais estreitas com o Barão Macedo? Papai e ele tiveram algum problema que os manteve distanciados?

– Bem, meu filho, – respondeu D. Maria Cristina – nunca soube de nada grave entre seu pai e o Barão. Apenas os dois tinham pontos de vista contrários com respeito à maneira de tratar os cativos. Seu pai, homem bom por natureza, desde o início, quando começamos a trabalhar nesta propriedade, tratou os escravos como pessoas humanas e, até certo ponto, amando-os como se fossem sua família. Acreditava na bondade humana e dizia, com muita razão, que, preto ou branco, o homem que se sente respeitado e reconhecido, jamais se revoltará contra os seus benfeitores. Fazia os negros entenderem, também, que todos trabalhavam para todos e os recursos que o seu suor tirava da terra eram necessários não apenas aos seus senhores, mas, também, à sua própria mesa. Tinha capataz apenas em razão da organização dos serviços e distribuição das tarefas, porque seus servidores não necessitavam de vigilância. Punham amor em seu trabalho e as colheitas fartas lhes eram como uma bênção do céu e oportunidade de recompensar o patrão ao qual se sentiam extremamente devedores. O Barão, porém, não pensava e nem agia assim e, consequentemente, não colhia os mesmos resultados que seu pai – rematou D. Maria Cristina, ansiosa para pôr termo à conversação.

 – De fato, – retrucou Alberto – papai sempre agiu sabiamente e, além das vantagens materiais, tornou-se um ídolo para essa pobre gente. Tenho a impressão, quando me olham, que procuram enxergar em mim a imagem de papai. Notei, mesmo, algumas vezes que, quando na conversação o nome de meu pai foi lembrado, encheram-se-lhes os olhos de lágrimas e, tenho a certeza, fazem muita força para evitar o pranto convulso.

 – Devo preveni-lo, filho, que o Barão, fatalmente, irá ferir o problema dos escravos; aconselho-o a agir com cautela – disse a genitora com ternura, afastando-se, em seguida, para não alongar o assunto.

o

Chegara a tarde do dia seguinte. Alberto cerimoniosamente trajado, demandou a propriedade do Barão Macedo.

Recebido à porta pelo próprio Barão, que o introduziu na casa, foi conduzido à sala de estar onde, desde logo, entraram em animada palestra.

O Barão, velha raposa acostumada a correr à frente dos caçadores, conduziu a matéria em torno da pessoa de Alberto. Fê-lo relatar, até que o jantar fosse servido, todas as suas peripécias e impressões na Capital, cumulando-o de elogios e exclamações benevolentes, para que fosse se sentindo à vontade, confiando no anfitrião, dando margem a que este encaminhasse, lentamente, o assunto para o funil onde pretendia apertá-lo.

Quando se sentiu amparado pela simpatia de Alberto, em pleno repasto, adentrou o tema, sutilmente:

– É, meu filho, a vida na cidade grande, ao contato com pessoas cultas e de fina educação, é uma bênção para o espírito. Todavia, aqui no meio do mato, cercado por essa horda de negros sujos e revoltados, que nada reconhecem, e entendem somente o palavrear da chibata, a vida é muito dura e conduz a gente para a desilusão e a monotonia.

Alberto percebeu, de pronto, a intenção de sondar-lhe o íntimo. Sentiu que o Barão lhe procurava uma definição onde assentar suas bases e conduzir seus argumentos. Lembrou-se das palavras judiciosas de sua mãe, e respondeu:

– Barão Macedo, tudo tem as suas compensações. A vida na cidade grande também é deteriorada. Os interesses subalternos presidem a todas as relações humanas. Em breve, a gente percebe que a hipocrisia está em todos os rostos como uma segunda natureza, puramente social. Aqui tudo é espontâneo, emerge de cada um como a água límpida da fonte, e podemos beber das nossas amizades uma confiança tranquila.

As palavras de Alberto, caíram sobre o espírito do Barão como um balde de água gelada, arrefecendo-lhe o entusiasmo que alimentava para a conquista dos seus propósitos. O moço, que estava à sua frente, sabia manejar as palavras. Sentiu-se encurralado como um cão vadio surpreendido a furtar a carne da mesa. Fez muito esforço para conter-se, experimentando medo de que o rubor lhe tivesse subido à face, traindo-lhe o desapontamento e a irritação interior.

A maneira como o jovem desviara o curso da conversa e sua observação quanto à sinceridade das pessoas, não lhe autorizavam continuar o assunto.

D. Margarida, a esposa do Barão, que lhe conhecia os objetivos, interferiu no diálogo a fim de evitar que a conversação, dada a contrariedade que o marido experimentava, enveredasse por caminhos perigosos e viesse a degenerar-se como, no passado, já acontecera com o Coronel Sousa.

— Quanto aos amores, — atalhou ela — como se saiu o nosso Alberto, na Capital? Deixou por lá alguma jovem suspirando pela sua volta?

— Não, D. Margarida, — respondeu o rapaz respeitosamente — meu tempo foi todo absorvido pelas exigências dos estudos. Para lhe ser honesto, previni-me contra a contaminação de cupido, a fim de que não sofresse prejuízo na minha carreira. Daqui para a frente, entretanto, terei mais tranquilidade para isso e estou certo que, quando chegar a hora, tudo virá naturalmente.

O jantar transcorreu dentro de um clima amigável e alegre, conduzida a conversação por D. Margarida. Ao retornar para casa, Alberto deixou o Barão frustrado nos seus propósitos e na contingência de aguardar uma melhor oportunidade, remoendo-se no clima de irritação próprio dos que não sabem perder.

o

Mas o destino, sem que ninguém suspeitasse, estava conspirando a favor do velho Barão e armando perigosa cilada para Alberto.

Havia, na fazenda dos Sousa, entre os cativos, um moço admirado por todos por suas qualidades de trabalhador devotado e amigo valoroso, de nome Juvenal. Ao início por olhares distantes, depois pela conversação mais íntima, separados pela cerca de arame farpado e em momentos furtivos, o jovem se enamorara de uma escrava do Barão Macedo, chamada Ismália. Haviam muitas jovens negras na fazenda, jovens e bonitas, no entanto, Juvenal deixara prender seu coração a um amor perigoso.

Certa tarde, quando percorria os campos de trabalho, Romualdo surpreendeu-o conversando com a moça que, ao vê-lo, fugiu em desabalada carreira, como corça assustada pela proximidade do caçador.

— Juvenal, — disse bondosamente ao rapaz, a quem muito estimava — isso não é bom para nenhum dos nossos. Você está cansado de saber que o Barão

## SENZALA

Macedo é nosso maior inimigo. Ele nunca abrirá mão dessa escrava para que ela se case com um desta fazenda, nem mesmo se você se sujeitar à sua escravidão. Vamos, meu rapaz, procure outros caminhos... Todos nós sempre encontramos, entre as nossas moças, as nossas companheiras, e não conheço ninguém, aqui, que não seja feliz. Não brinque com o destino, pois, onde você pensa encontrar felicidade, talvez lhe esteja reservado muito sofrimento.

– Mas, Romualdo, – atalhou o rapaz – eu amo Ismália. Lutei muito contra isso, contudo, ela não me sai do pensamento. Parece que uma força estranha me arrasta para ela. Sinto-me desesperado nos dias em que não posso vê-la. O que posso fazer?

– Esqueça – aconselhou Romualdo –. Melhor que você lute e sofra agora, quando tudo é fácil, do que quando sobrevierem as tempestades. Devo respeitar-lhe os sentimentos, mas aprendi com a vida que cada um de nós, que já somos imensamente felizes com a dádiva de sermos quase livres, não deve esperar nada mais que a dura realidade lá de fora, para a qual somos coisas imprestáveis, nascidas para o cativeiro. Fora do nosso meio, ninguém nos reconhece o direito de pensar e de sentir. A um cão é dado partilhar o lar dos brancos, lamber-lhe as mãos e receber carinhos; a um negro, no entanto, nada mais se reconhece que o dever de trabalhar e apanhar; aos porcos estão reservadas as sobras da mesa farta dos senhores, aos negros, todavia, nada mais que rações exíguas e insípidas de comida ordinária. Não force, meu caro amigo, as portas da sua felicidade, para que não encontre, fora do castelo dos seus sonhos, muitas lágrimas e humilhações. Eu proíbo que você torne a ver essa moça e fale com ela.

O moço, que amava e respeitava muito a Romualdo, calou qualquer reclamação; tomando suas ferramentas, lançou-se, febrilmente, ao trabalho, como a queimar todas as vibrações da sua inquietação.

o

Em vão, tentou Juvenal sufocar a sua paixão por Ismália. Parecia-lhe que quanto mais buscava esquecê-la, mais sua imagem corporificava-se em seu pensamento. Transferido por Romualdo para outro setor de trabalho, evidentemente para ajudá-lo, evitando o encontro do jovem par, nem o sol causticante que lhe queimava o corpo semi-nu, banhado de suor, ardia tanto quanto as chamas do seu amor, exacerbado pela saudade. Queria ver Ismália, contudo, não ousava quebrar a ordem do capataz e amigo, a quem devotava um desmedido respeito. Mas, sentia que precisava achar uma solução urgente, antes que enlouquecesse e antes que Ismália, dada a sua ausência, pudesse imaginar que o namorado não a queria mais. Jovem e inexperiente, não aprendera, ainda, que quando uma mulher ama verdadeiramente a perenidade do seu amor não conhece desfalecimentos.

Temia sem razão. Também ele povoava os sonhos de Ismália, a quem a saudade torturava o coração. A jovem negra, trabalhava o dia todo com o olhar a perscrutar, furtivamente, por entre os arames da cerca, os campos de trabalho das terras do Coronel Sousa, em busca da silhueta encantada que lhe enchesse os olhos de alegria. Mas os dias passavam e, ao abandonar o serviço, lágrimas discretas corriam-lhe pelas faces negras, como lavas que o sol da tarde coloria de vermelho.

## SENZALA

Francisco, que convivera com Juvenal desde os tenros anos, – pois as idades quase coincidiam – vinha notando a tristeza e a nostalgia avolumarem-se no semblante do amigo e servidor.

Certo dia, quando juntos preparavam montaria para Alberto, sem querer ferir a sensibilidade e devassar os segredos do amigo, arriscou:

– Juvenal, o que há com você? Venho notando-lhe uma tristeza crescente; acaso está apaixonado por alguma donzela da fazenda?

– Pior que isso – redarguiu espontaneamente. Estou amando uma escrava do Barão Macedo. Ismália é a luz dos meus olhos, que estão tristes por terem mergulhado nas trevas da solidão. Romualdo proibiu-me de vê-la; sei que é em meu benefício, pois a realização dos meus sonhos é quase impossível. Estou desesperado "seu" Francisco e, mais que isso, a cada dia que passa, as minhas esperanças se apagam um pouco. Gostaria fosse verdade o que dizem os brancos, quando afirmam que escravo não tem sentimento por não ser gente...

– Que é isso, Juvenal? – atalhou o rapaz – nós somos brancos e, no entanto, toda a minha família os considera gente, pessoas humanas, às quais estendem um indiscutível afeto.

– Perdão, "seu" Francisco – explicou o rapaz envergonhado – não me referia aos senhores, nossos benfeitores, mas aos outros fazendeiros que possuem os nossos irmãos de cor.

– Você está deixando revoltar-se, Juvenal – respondeu Francisco, bondosamente. Isso não é bom porque desperta sentimentos maus, que só complicam a vida. Ademais, nada é impossível, e lhe prometo interessar-me pelo seu caso. Talvez ache uma solução. Por agora, meu amigo, vamos ao trabalho com alegria; a fé, com o concurso do tempo, soluciona todos os problemas, grandes ou pequenos. Leve a montaria para Alberto, enquanto preparo a minha. Não quero ver mais essa cara de tristeza que nunca conheci em você.

Diante das palavras generosas de Francisco, Juvenal não pôde esconder um sorriso de alegria. Saiu, a passo firme, puxando, pela rédea de couro cru, o fogoso animal de que Alberto se servia para suas incursões rotineiras pelos campos.

Logo em seguida, Francisco saía do estábulo, a cavalo, indo reunir-se a Alberto, em demanda às obrigações do dia.

Cavalgando, lado a lado com o irmão, o moço ia imerso na preocupação que lhe adviera do caso amoroso de Juvenal.

A única maneira de ajudá-lo – pensou – seria comprando, ao Barão, a escrava Ismália, o que não lhes seria sacrifício algum se o mesmo concordasse.

Ato contínuo, relatou ao irmão o problema de Juvenal, e suplicou-lhe interferisse propondo a compra da cativa. Ambos, inocentemente, acharam a solução muito viável e acertaram providenciar a transação. Afinal, ao Barão pouco se lhe iria importar desfazer-se de um escravo, mormente sendo mulher, pois os braços femininos quase nada produziam no trabalho. Comerciante como era, tendo em vista a preferência por um escravo determinado, poderia, o que era muito natural, regatear no preço.

## SENZALA 63

Depois de terem vencido alguns quilômetros de estrada poeirenta, da qual o casco dos animais levantavam uma nuvem fina de pó, que lhes rastreava a passagem, como se fossem dois cavaleiros solitários do deserto, toparam com o Barão que trilhava junto à divisa, inspecionando a limpeza do cafezal.

Após os cumprimentos recíprocos e a observação, quase simultânea, que fizeram ao rigor do sol, Alberto feriu o assunto.

— Barão Macedo — disse com firmeza —, estamos precisando comprar uma jovem escrava. Não poderia o senhor vender-nos uma da sua senzala?

— Será até um prazer servi-los — retrucou o Barão, que via no episódio uma oportunidade para aproximar-se mais dos dois jovens. Quando quiser, venha escolher uma. Venha depois do jantar, pois, assim nos sobrará tempo para uma boa conversa. Aliás, Margarida tem perguntado por você. Ficou encantada com a visita que nos fez, a qual, na primeira oportunidade, corresponderemos.

— Muito grato, Barão Macedo — respondeu Alberto respeitoso —, os senhores é que são muito bondosos e nos veem com bons olhos. D. Margarida é encantadora e ser-nos-á um prazer recebê-los em nossa casa, quando se dispuserem à visita. Quanto à escrava — continuou o moço —, não há necessidade de escolha; estamos interessados na jovem Ismália, e dispostos a pagar-lhe bom preço por ela.

O Barão franziu a testa, intrigado, e perguntou-lhe, procurando descobrir o motivo da preferência:

— Por que essa negra? Até que ela não é das melhores que lhe posso oferecer.

Alberto não esperava a pergunta e, sem lembrar-se do despeito e da inconformação do fazendeiro pelo seu lote de cativos, respondeu, inocentemente, e, em seguida:

— Queremos brindar um nosso servidor que está enamorado por ela. Juvenal é um bom trabalhador, e bem que merece essa oportunidade de constituir um lar feliz.

As palavras de Alberto calaram como látego de fogo no espírito do Barão, que o ouvia quase sem poder dissimular a indignação.

— Ora — pensava ele isso era o cúmulo: chamar um escravo de servidor e ainda pretender que ele, Barão Macedo, lhe vendesse uma cativa para presentear a cobiça de um negro sujo!

— Esquecia-me, meu jovem, de que essa escrava está sendo pretendida pelo meu capataz — disse o Barão recompondo-se. Temo que Juvêncio, que é meu braço direito para manter a ordem na fazenda, se desgoste. Mas pode escolher qualquer outra, e terei prazer em servi-lo — finalizou o Barão, dando a entender que fechava a questão em torno de Ismália.

Só então é que Alberto caiu em si do quanto fora ingênuo. Enrubecendo com a negativa inesperada, respondeu:

— Bem, Barão Macedo, se é assim, não me cabe criar-lhe um problema com o seu pessoal. Agradeço-lhe a generosidade, e espero poder servi-lo no que for possível.

O episódio gelou a conversação chegando, logo em seguida, as despedidas dos fazendeiros.

## SENZALA

Enquanto Alberto e Francisco se retiravam, desapontados, temendo possíveis consequências para a escrava inocente, o Barão continuou seu caminho profundamente impregnado de ódio pelo acontecido, que recebera como uma ofensa à sua dignidade e aos seus princípios.

À tardinha, quando os escravos regressavam à senzala, depois de um dia extenuante de trabalho, o Barão chamou Juvêncio, seu capataz, antes mesmo que este pudesse recolher-se para a higiene pessoal, tal sua disposição de extravasar a cólera que lhe queimava o cérebro egoísta e mau.

– Juvêncio – disse ele, mordendo os lábios –, na senzala, tem uma negra, de nome Ismália, que está sendo pretendida por um "servidor" do Dr. Alberto. Tome-a e entregue-a aos seus auxiliares, ou use-a você se quiser. Faça-a passar por todos, e que fique com eles por alguns dias, a fim de que se divirtam. Vamos dar uma lição a essa negra ordinária, e àquele imbecil.

Juvêncio retirou-se eufórico; mandou que apanhassem Ismália e a levassem ao seu aposento, antegozando a noite de luxúria que pretendia levar a efeito.

o

Ismália enlouqueceu face às sevícias a que fora submetida, servindo de pasto àqueles animais, que a humilharam. Já na segunda noite, era um farrapo de gente que se entregava, inerme, à sanha dos seus algozes.

No entanto, o Barão não se dera por satisfeito e, antes de sacrificá-la – pois não pretendia cuidar de uma escrava louca – arquitetou um plano diabólico.

— Sim — pensava ele febrilmente, vislumbrando a oportunidade de desencadear uma guerra contra os Sousas — irei dizer ao imbecil do Alberto que seu escravo incitara Ismália a fugir, e exigirei que castigue o seu pretendente. Ninguém fará o Barão Macedo de trampolim para mimosear um negro ordinário!

E, com a mente se desintegrando nesse propósito vil, mergulhou em ansiedade expectante, aguardando, com impaciência, mais um dia para pôr em ação seu nefando plano.

o

Sousa completara o curso de preparação para o contato terreno e, naquele dia, descera com Salvius para a Crosta, rumando diretamente para a fazenda.

Sua emoção não tinha limites. Enquanto demandavam a propriedade, vinha mergulhado na alegria de rever os familiares e a terra abençoada que lhe dera oportunidade de trabalho e renovação. Recordava os dias felizes da existência terrena e agradecia, a Deus, a oportunidade de ter podido ser justo nos seus atos. Descerraram-se-lhe os mistérios da reencarnação e aprendera que muitos Espíritos, melhores que ele, padeciam sob a pele pigmentada pela melanina, simples contingência natural a que os homens prestavam tanta importância, até o descalabro de renegarem a condição humana aos reencarnados negros. Queria identificar os corajosos Espíritos que aceitaram o sacrifício daquela provação e beijar-lhes as mãos pelo heroísmo.

Nos dias da sua ausência física, sonhara, incessantemente, com o instante de rever Maria Cristina, a doce companheira que lhe sustentara as lutas, partilhando-lhe as alegrias e tristezas. Como estaria ela? Agora, que esse sonhado instante se avizinhava, para atenuar-lhe a saudade e transmitir-lhe as emoções do reencontro, imaginava a situação singular que iria enfrentar vendo-a diante de si e, no entanto, separados pelo vidro vibratório posto entre os dois mundos. Naturalmente que ela, pelo menos, iria sentir as vibrações do Espírito ao qual estava poderosamente ligada por laços afetivos muito puros e muito profundos.

A palavra de Salvius, tirou-o das reflexões, avisando-o que chegavam, tocando, logo em seguida, o solo da propriedade, em sítio próximo à fileira de casas geminadas, onde os escravos habitavam.

Mal suspeitava Sousa das emoções que aquele dia lhe reservava.

Eram cerca de 14 horas. A atividade, na propriedade, era intensa, como de costume.

A alguns passos dele, ficava a moradia de "tio" Henrique e foi para lá que Salvius se dirigiu, seguido do amigo.

De cócoras, na soleira da porta, o preto velho meditava.

Seus olhos pensativos e encravados na face, que o tempo e a intempérie enrugaram, pareciam dois entes independentes do resto do corpo já desgastado e quase inútil. Tinham vida moça e guardavam, no brilho, a lucidez e o entusiasmo dos jovens, como reafirmando a eternidade daquele Espírito, que olhava pelas duas janelas orbitais contemplando as belezas do mundo que o rodeava. Espírito resoluto, ganhara, na existência física, a consolidação de virtudes peregrinas trazidas de um passado insondável. O sofrimento fora-lhe o buril precioso com o qual, sua humildade e consciência do dever, talharam-lhe o perfil extraordinário, que se impunha a todos.

Nunca ninguém o ouviu reclamar, queixar-se, nem revoltar-se contra quem quer que fosse.

"Tio" Henrique era a primeira surpresa que Salvius reservara a Sousa, a fim de confortar-lhe o espírito e fazê-lo ver, num relance, os valores da vida humana, fortalecendo-lhe a disposição para os reencontros daquele dia.

O sol derramava-se sobre a Terra em raios de calor inclemente àquela hora, e refletindo-se nas paredes brancas das casas ou na face lisa das folhas, ganhava a sua luz maior intensidade, de tal sorte que a claridade reinante quase ofuscava a vista.

Ao aproximarem-se as duas entidades, de "tio" Henrique, este ergueu a cabeça e mirou-as de alto a baixo como se as estivesse vendo, tal a precisão dos seus movimentos. Sousa olhou para Salvius intrigado, e já armava uma pergunta de curiosidade, quando o velho falou, em voz reservada, à maneira de quem teme ser ouvido por pessoas da proximidade:

– Salve Coronel Sousa, que alegria em revê-lo! Tenho esperado este instante por longos dias procurando-o, ansiosamente, ao meu redor. Queria agradecer-lhe como agradeço neste instante, pelo apoio que recebi do seu espírito generoso, que soube ajudar-me a dominar minhas emoções e a valorizar a vida que desfruto. Este preto velho, e hoje quase imprestável, carrega-o no coração, não como um deus porque não se pode transferir a ninguém esse Amor Maior da Vida, mas como um pai benevolente que muito amou e ergueu altares de reconhecimento imperecível. Fico feliz por vê-lo e a alegria desta hora, que aguardei por longos meses de saudade, eu a exprimo beijando-lhe as mãos generosas que me sustentaram por dias que, sem elas, poderiam ser tenebrosos, como costuma acontecer com meus irmãos de cor.

Sousa estava pálido e completamente inibido diante do surpreendente fenômeno da sua identificação, extremamente emocionado pela. manifestação de reconhecimento que o amigo lhe tributava e, mais admirado ainda, por assinalar um fenômeno nunca antes registrado por seus olhos: à medida que "tio" Henrique falava, na demonstração afetiva, ia-se nimbando de luz, num crescendo que o transformou, pouco a pouco, em pequeno e contrastante sol a emergir daquele corpo negro, transfigurado diante da magnificência de luz que irradiava. As lágrimas, sem que pudesse contê-las, assomaram-lhe aos olhos, derramando-se pelas faces. Sentiu ímpeto de arrojar-se diante daquela alma extraordinária da qual podia agora, mais nitidamente, identificar a grandeza espiritual, para beijar-lhe as mãos venerandas e suplicar-lhe perdão do quanto, certamente, deixou de fazer-lhe, estando ao seu alcance.

Salvius acompanhava as emoções de Sousa tocado, também, pela cena singular e, diante da estupefação do amigo, explicou, generoso:

— Sousa, meu amigo, "tio" Henrique pode ouvirnos e ver-nos claramente. Graças aos valores espirituais que ajuntou no passado e mercê da disciplina e humildade com que tem vivido a presente existência física, a sua percepção se alonga até o nosso plano. Pode estabelecer, com ele, sem qualquer receio, a conversação.

Foi "tio" Henrique, todavia, quem retomou a palavra:

— Que é isso, Coronel Sousa? — disse em tom de gracejo — afinal, quem está vendo fantasma sou eu...

A pilhéria teve o condão de colocar Sousa à vontade. Recompondo-se, senhoreou-se das próprias faculdades, e respondeu:

— "Tio" Henrique, eu é quem devo beijar-lhe as mãos agradecido, pois, só hoje vejo, mais claramente, o quanto fui ignorante. Convivi tantos anos com você e, no entanto, nem de longe suspeitava da qualidade do espírito que me servia tão devotadamente, nem pude descobrir-lhe as faculdades admiráveis que o punham em contato com o outro plano da vida. Agora, sei de onde provinha a sua sabedoria e de onde tirava tanta certeza no futuro para alimentar-se na renúncia. Como são tolos os homens correndo atrás de posses efêmeras, de qualidade transitória, que o sopro da verdade reduz a cinzas! Como fui tolo, também, encastelado na torre de marfim da minha vaidade! Eu que muitas e muitas vezes vi-me, diante do espelho da imaginação, como um ser superior.

— Deixe disso, Coronel — atalhou "tio" Henrique — você soube viver bem a sua vida e, creio eu, ninguém deve esperar que o espírito encarnado guarde as perfeições de uma entidade angélica. Todos nós não passamos de almas devedoras, empenhadas na liquidação dos próprios débitos. Crê que ganhei esta gaiola revestida de pele escura, sofrendo a injustiça de Deus?

Pode acreditar que tanta ferrugem de vaidade tinha meu espírito, não lhe restando outro caminho que o da humilhação, mestra bendita, conquanto dolorosa, que nos lava a alma, ensinando-nos, na subalternidade e na marginalização, a cultivarmos a paciência e o perdão, a renúncia e a tolerância. Nós temos, meu amigo, a existência necessária. Nenhum de nós, diante dos ditames da Providência, poderia trilhar outros caminhos que não os que a vida, espontaneamente, nos oferece. Mesmo que o homem não procure Deus, desde que não agasalhe a revolta e vença, passo a passo, sua caminhada, aproveitará sua existência integralmente. A busca de Deus é um objetivo da filosofia que não faz falta à realidade, pois Deus está dentro de nós mesmos, com o nosso consentimento ou sem ele. Deus é a vida e a vida é luz – finalizou "tio" Henrique, expendendo seu pensamento luminoso.

Sousa não continha a sua admiração e as palavras que aquela boca escrava, malformada pelas mandíbulas sem dentes, proferia, caíam no seu espírito como raios de luz, rasgando o horizonte do entendimento. Longas interrogações acerca do passado brotaram-lhe na cabeça e, porque Salvius, talvez, lhe tivesse observado o interrogatório inoportuno, pensando estar diante de um oráculo, estendeu a destra e tocou a fronte enrugada do preto velho, perdendo este, gradativa e rapidamente a lucidez das faculdades.

– Coronel Sousa – exclamou "tio" Henrique não posso vê-lo mais, todavia, peço-lhe venha estar sempre comigo para que eu possa fortalecer-me com a sua presença. O negro velho acha que agora, mais do que nunca, precisará do seu apoio.

Sousa olhou, tristonho, para Salvius, pesaroso do rompimento do contato que lhe trazia tanto conforto ao coração e tanta luz para o entendimento.

— Sousa — explicou Salvius, carinhosamente — a providência se impunha. Por muitos dias, "tio" Henrique não poderá registrar-lhe a presença, e isso é bom para você até que reúna recursos que bastem para o equilíbric emotivo e a justa compreensão do fenômeno. A chuva que embebe e fertiliza a terra, se cair em demasia, arrasta-lhe as qualidades criadoras; do mesmo modo a mesma luz que jorra por essas janelas do infinito, pode ferir-nos a vista e carrear-nos para os deslumbramentos improdutivos. Acalma a sua curiosidade e contenha o seu entusiasmo. Tudo vem a seu tempo, e na medida certa. Vamos à nossa visitação, e goze o quanto possível a ventura do reencontro com as outras almas, aqui vinculadas e que se prendem ao seu coração.

Tomando o amigo pelo braço, demandaram juntos, atravessando os largos terreiros de café, a moradia vetusta a erguer-se logo acima.

A velha porta de jacarandá, entalhada caprichosamente por mãos hábeis, como era costume, tinha uma das folhas duplas aberta, e por ela enveredaram na residência, invadindo-a até a sala de estar onde Alberto, sentado junto de pequeno reposteiro, manuseava alguns papéis. Na poltrona preferida de Sousa, estava D. Maria Cristina entretida na conclusão de pequena peça de mesa.

Sousa parou no limiar da porta, com o coração a bater descompassadamente. A emoção do reencontro lhe invadia todo o ser e sentia-se como uma criança de escola na iminência de proferir um discurso diante de uma vasta platéia. Fitou amorosamente a companheira de tantas lutas e, com grossas lágrimas a lavar-lhe o rosto, aproximou-se devagarinho, enlaçando-a cheio de ternura.

Maria Cristina sentiu como o leve perpassar de uma brisa muito suave a reconfortar-lhe o ser e, sem saber porque, lembrou-se do esposo, surgindo-lhe na imaginação a sua imagem máscula e esguia, como um herói dos sonhos de criança. Num átimo, sucediam-se as imagens dos momentos felizes que viveram juntos e, talvez pela emotividade do próprio Sousa que a enlaçava, deixou-se invadir por uma idêntica emoção.

— Alberto, meu filho — disse como que para conter as lágrimas de saudades —, parece até que sinto a presença de seu pai junto de mim, tão forte e repentina veio-me a sua lembrança! Não sei se isso é o resultado de não ter me habituado ainda sem ele ou se, de fato, é o seu Espírito que me busca a companhia... — finalizou, reticente.

— Ora, mamãe — respondeu Alberto, com segurança —, deixe disso... É justo que a senhora tenha saudade do companheiro de tantos anos, porém, daí para afirmar que o espírito de papai pode estar aqui, vai muita distância. Afinal, para sermos razoáveis, nunca ninguém provou a possibilidade de retorno após o desenlace físico. Respeito-lhe os sentimentos, contudo, acho perigoso a senhora dar guarida a essas soluções nascidas da superstição.

O moço, evidentemente, ignorante dos problemas do espírito e temeroso de que a genitora viesse a caminhar para uma perturbação, disse isso procurando ajudá-la.

D. Maria Cristina, diante da manifestação do rapaz, achou sensatas suas palavras e procurou varrer do pensamento as imagens da recordação, muito a contragosto de Sousa, que lhe permutava as energias afetivas, e sentiu-se, de pronto desligado da troca recíproca. Olhou o filho com ar de desaprovação, mas lembrou-se de que o rapaz não podia conhecer e nem suspeitar da realidade da vida espiritual, compreendendo, na sua manifestação espontânea, o desejo de ajudar.

— É, meu amigo — disse Salvius socorrendo-o não podemos exigir dos outros manifestações que não aprenderam e com muito mais razão quando, sendo seus mestres, não pudemos ensinar-lhes.

Instado por Salvius, Sousa percorreu, sem pressa, todas as dependências do casarão detendo-se aqui ou ali, enlevado pelas reminiscências, deixando seu espírito invadir-se das doces recordações do passado tão feliz.

o

Quando Sousa, de volta, reunia-se ao grupo, uma criada entrou na sala e anunciou a presença do Barão Macedo, acompanhado de Juvêncio, seu capataz, desejando falar, urgentemente, com Alberto.

Ao ouvir o recado, Sousa estremeceu. Que viria fazer em sua casa, onde há muito não pisava, o indesejável Barão? Sua tão breve ausência teria sido suficiente para que ganhasse a confiança dos seus familiares? E Alberto saberia, acaso, da qualidade desse homem, com quem estava lidando? Essas interrogações que afogueavam o cérebro de Sousa, perturbavam-no.

Estava certo de que, com aquele homem, nunca poderia vir a paz.

Salvius acercou-se mais de Sousa, notando-lhe a preocupação.

Alberto pediu à criada que introduzisse o Barão até a sala, e todos ficaram na expectativa da inesperada visita.

Em breves momentos, o Barão Macedo e Juvêncio entravam.

O capataz vinha logo atrás do patrão.

O velho Barão parecia bastante irritado, o que se podia notar pela sua expressão dura e pelos olhos congestos que aparentavam querer saltar das órbitas. Vinha representar uma peça e, sem dúvida, aquela animosidade não se relacionava com o seu papel. Na verdade, ele odiava aquela fazenda, bem como todos os seus moradores, pois além de nunca lhe ter rivalizado no rendimento, via com desprezo a liberalidade que ali imperava. Ademais, odiava os Sousas, e a curta permanência na propriedade já lhe bastara para despertar-lhe os maus sentimentos.

Após as saudações protocolares, foi o Barão quem deu início à conversação:

— Dr. Alberto — disse ele em tom grave — venho tratar de um assunto muito delicado, e espero receber a sua justa compreensão.

Alberto inquietou-se com as palavras do velho escravocrata.

D. Maria Cristina, da mesma forma, sentiu um ligeiro calafrio percorrer-lhe o corpo, temendo um confronto no qual o filho não teria muita chance, dada a sua inexperiência.

Do outro lado da vida, Souza sentiu-lhe as poderosas vibrações de ódio e, às suas primeiras palavras, adivinhava uma hora difícil para todos eles. Salvius que podia ver e sentir além de todos os participantes da reunião, pôs-se em estado de alerta.

— Aquele seu escravo, que atende pelo nome de Juvenal, e que se enamorou de uma negra da minha senzala está planejando a fuga da minha escrava para se juntarem. Não fora a diligência do meu fiel capataz, e a esta hora teria que estar caçando esses negros ordinários pelas matas da redondeza. Agora, Alberto, os seus "servidores" foram longe demais.

À medida que o Barão falava, a sua palavra ficava mais áspera e contundente, o seu ódio crescia, e já era fácil notar-lhe o esforço para não explodir, como de costume.

A afirmativa do Barão colheu a todos de surpresa. Jamais passaria pela cabeça daquelas almas generosas, que Juvenal pudesse levar a cabo tal plano.

— Agora, meu caro rapaz – continuou o Barão –, vou exigir que você tome providências. Respeito-lhe, conquanto não me agrade, o direito de tratar as coisas de sua propriedade como bem entende, no entanto, já agora trata-se de uma invasão nos meus direitos e não vou permitir que esses negros ordinários amotinem minha senzala, nem facilitem a fuga dos meus cativos, ainda mais para satisfazerem seus apetites libidinosos – finalizou o velho Barão, acompanhando a estupefação de Alberto e aguardando-lhe a palavra.

O moço estava como que petrificado. Não sabia o que dizer. Não conseguia coordenar os pensamentos para poder dar respostas à denúncia inconcebível e à ameaça desafiadora.

D. Maria Cristina estava em piores condições ainda. Conhecia o Barão e adivinhava a sequência de dissabores que adviriam. Estava quase desfalecente de emoção e medo. Salvius aproximou-se dela e impôs a destra em sua fronte, transmitindo-lhe um forte jato de energias, senhoreando-se dos seus pensamentos. Ao influxo de Salvius, foi ela quem respondeu ao Barão.

— Perdoe-me, Barão Macedo — disse com a voz um tanto embargada —, mas a acusação é muito grave e além disso, permita-me dizer-lhe que Juvenal é um moço bom, incapaz dessa iniciativa. Que provas nos dá disso?

O Barão enrubesceu, o ódio estampava-se-lhe na face e a indignação que lhe causou a observação feita, agravou-lhe o estado emocional.

— Com o respeito que lhe devo, minha senhora, disse exasperado — não acho justo que duvide da minha palavra e sobreponha a ela qualquer pretensa virtude de um negro de senzalas! Afinal de contas, onde querem chegar com a mania de valorização desses imundos e revoltados?

E voltando-se para Alberto, continuou:

— Tome nota disto, meu rapaz, se esse negro Juvenal não for castigado, eu invadirei a sua propriedade e farei justiça com as minhas próprias mãos. Dou-lhe vinte e quatro horas para que tome providências a respeito; findo esse prazo, não respondo pelo que possa acontecer.

Dando nos calcanhares, retirou-se abruptamente da sala, acompanhado de seu capataz, que estivera em posição de alerta ao lado do patrão. Sousa estava abatido. A indignação fazia-o tremer dos pés à cabeça. Perdera o controle, e deixava-se invadir por uma onda crescente de revolta. Salvius aproximou-se dele, e confortou-o:

— Calma, caro amigo, o momento é de grande perigo para a paz desta comunidade, e será preciso que você não se deixe vencer pela revolta e pelo desespero. O Barão Macedo achou um meio de despejar seu ódio sobre a família, e se faz necessário que a ajudemos com o nosso equilíbrio.

D. Maria Cristina prorrompeu em pranto, tomada de pavor. Seu filho não dissera uma só palavra. O Barão se impusera sobre o moço, em sua própria casa, sem que tivesse tido a coragem de defender-se, refutando-lhe a acusação e incriminando-lhe as ameaças.

O Barão fizera um desafio terrível e agora teriam de tomar um caminho.

Salvius aproximou-se de D. Maria Cristina, e tocou-lhe a fronte. A boa senhora compreendeu a necessidade de sustentar o rapaz, e enxugou as lágrimas.

— Alberto, meu filho — disse, a custo —, não tema as ameaças do Barão; vamos pensar com serenidade. Solucionaremos essa grave situação, sem quebrar os nossos princípios e sem render-nos às exigências descabidas desse homem. Essa história que ele contou é uma injúria sórdida, que tem por fim o propósito que sempre alimentou de nos destruir. Juvenal não fez isso, eu sei muito bem. Tudo não passa de um pretexto para vingança.

Estava difícil para o moço sair do pânico em que mergulhara. Sua existência, transcorrida sempre na paz e na ordem natural da família, nunca conhecera situação igual. Jamais lhe passara pela cabeça o advento de uma situação como essa. Sentiu uma insegurança infinita.

As palavras ameaçadoras do velho maldoso lhe infundiram terror inconcebível. Sentiu-se incapaz de pensar, de mover-se, de articular qualquer palavra. A voz da genitora parecia provir de grande distância, e lhe chegava quase que sem nexo. Permanecera pálido e chumbado à cadeira, como uma estátua de pedra.

— Vamos, meu filho — disse a genitora —, recomponha-se e pensemos com calma na situação. Você deve ser o nosso sustentáculo e não pode entregar-se a essa prostração.

O jovem reagiu. Fitou D. Maria Cristina com os olhos lacrimosos e indecisos, procurando o seu arrimo e tentando fortalecer-se nas palavras generosas da mãe.

Sousa percebia-lhe o medo terrível e viu, desde logo, que o moço não estava em condições de decidir. Quis aproximar-se dele, mas Salvius obstou-o.

— Deixe-o, Sousa — disse. Seu filho deve decidir por si mesmo, a fim de resolver a situação. Você não pode tomar-lhe o lugar. Nossa influência poderia levantar-lhe o ânimo por alguns instantes, todavia, entregue a si mesmo, teria de consultar de novo a consciência. Se quisermos realmente ajudar, cabe-nos orarmos a fim de transmitir-lhe energias espirituais que o sustentem. Lembre-se do nosso livre arbítrio e de que a ninguém o Senhor estende provas para as quais não esteja preparado. Ademais, conquanto nos caiba ajudar os companheiros de luta, não nos é lícito roubar-lhes a oportunidade de andarem com os próprios pés e escolherem os próprios caminhos.

— Mas, Salvius, — obtemperou Sousa, aflito, esse moço não está em condições de enfrentar a situação. Qualquer solução que tentar, será desastrosa se não puder comandar a luta. Tenho fundados receios de que estamos a poucos passos de uma catástrofe para toda essa gente sob a sua tutela.

— Eu compreendo — respondeu Salvius —, contudo, se cada viajante de um navio tentar tomar o leme ao capitão para imprimir a rota que achar certa, a embarcação certamente não aportará a lugar algum. Alberto é o capitão de uma nau que se prepara para enfrentar os rigores de intensa tempestade. Da mesma forma que o armador não entrega o barco para qualquer marujo, a Providência Divina, com mais justa razão, não coloca seus filhos sob a tutela de espíritos despreparados. Como o capitão consulta as próprias cartas de navegação para conduzir seu barco, Alberto consultará as próprias reminiscências para se decidir. Onde você enxerga o moço, deve apenas enxergar o espírito imortal que, de experiências em experiências, ajuntou grandes recursos. Alberto não sabe apenas o que você lhe ensinou, sabe tudo o que já viveu; também não agirá, talvez, como você agiria, já que é distinto de você por todas essas circunstâncias. Confiemos. Nosso irmão achará o caminho que melhor atenda o bem comum, mesmo porque, a esta· altura, a solução pacífica é quase impossível.

# SENZALA

— Mamãe — disse o jovem após emergir do pânico interior —, qual caminho tomamos? Que devemos fazer? Não vejo nenhuma abertura para a situação terrível em que o Barão nos jogou!

— Precisamos pensar, meu filho — respondeu-lhe a senhora apreensiva. Se castigarmos Juvenal, mesmo sabendo-o inocente, para satisfazermos as exigências do Barão, destruiremos a paz desta fazenda e jamais poderemos prescindir do pelourinho que sempre detestamos; se nada fizermos, esse malvado é bem capaz de invadir nossa propriedade e, então, as perdas serão imprevisíveis; se libertarmos o jovem negro ele, certamente, será morto pelos jagunços do Barão, tão logo deixe as nossas terras.

— Acho que não nos resta outra alternativa senão castigarmos Juvenal, mamãe — disse o moço pesaroso. Embora isso seja uma injustiça, parece-me o mal menor; de outra forma, os sanguinários asseclas do Barão, com facilidade, nos reduzirão a pó, nós que nunca aprendemos a matar.

Salvius procurou os olhos de Sousa como a sondar-lhe o pensamento.

O diálogo despertava-o para a realidade. O problema, suscitado por uma calúnia urdida pelo ódio, era, realmente, de difícil solução.

Se estivesse no lugar do filho — pensou que caminho tomaria? Sentiu pena dos familiares colocados no vértice da angustiosa situação.

Chorava, discretamente. O amigo espiritual tomou-o pelo braço, convidando-o para um passeio ao ar livre, fora da atmosfera pesada do ambiente, contaminada pela presença do Barão Macedo.

## V
## A GRANDE DECISÃO

Já anoitecia e Alberto ficara horas, que lhe pareceram uma eternidade, mergulhado em penosa reflexão.

Recusou o jantar que a genitora lhe ofereceu e, tomando-a pela mão, sentou-a no sofá, ao seu lado.

— Mamãe — disse, tristemente —, não temos outro caminho que o de castigar Juvenal. Não podemos dizer, também, aos nossos homens, o que ocorreu aqui, sob pena de diluir-se a nossa autoridade.

— E quem se incumbirá de infligir-lhe o castigo...? — respondeu D. Maria Cristina.

— Romualdo deverá receber essa tarefa — sentenciou o jovem.

## SENZALA 83

— E se ele se recusar? — obtemperou a senhora Sousa.

— Confiemos que isso não ocorra, entretanto, se ocorrer, não poderei voltar atrás e terei forçosamente, de tomar outra decisão, talvez mais injusta, para que não se quebre a nossa disciplina.

— Bem, meu filho — respondeu-lhe a genitora —, confiemos em Deus que tudo sairá bem. Afinal, nosso desejo é de que a paz de todos não sofra prejuízos irreparáveis. Romualdo, conquanto jovem, é sábio e humilde, e talvez se sujeite ao sacrifício de castigar um amigo sem culpa. Terá que perguntar-se a si mesmo quanto à ordem estranha recebida e, queira Deus, talvez perceba que o problema de Juvenal tem um sentido maior que um castigo inexplicável. Nunca chibataríamos ninguém; chegado esse momento terrível, Romualdo deverá dar-nos crédito de lhe pedirmos esse absurdo.

— Deixe-me a sós, mamãe — pediu o jovem —, mandarei chamar Romualdo e será conveniente que a senhora não sofra a cena desagradável desta injustiça ou episódios imprevisíveis que possam advir.

D. Maria Cristina retirou-se e Alberto expediu ordens para que Romualdo viesse à sua presença, sem tardança.

Nessa altura, Sousa regressava com Salvius e se distraía na sala examinando, com imensa saudade, todas as peças e particularidades do aposento, deixando inebriar-se por recordações felizes dos dias passados, que já lhe pareciam tão distantes.

Foi a entrada de Romualdo, chapéu de palha à mão, e delicadamente pedindo permissão para fazê-lo, que o tirou do mundo de sonhos em que tão feliz mergulhara por momentos.

Alberto mandou que o capataz entrasse e, tendo-o à sua frente, sem mais delongas, feriu de pronto o assunto:

— Romualdo — disse —, das ordens que vou lhe dar neste momento, reservo-me o direito de maiores explicações, nem desejo debater a sua certeza. Simplesmente quero que me atenda com respeito, sabedor que elas me magoam muito, mas que não têm outra alternativa.

O capataz, pelo tom grave e solene com que Alberto lhe falava, estremeceu, adivinhando complicações. O próprio Sousa, que não pudera acompanhar o diálogo de mãe e filho, surpreendeu-se com aquela manifestação esquisita do jovem.

— Quero que você, Romualdo, aplique em Juvenal o castigo de trinta chibatadas, à frente de todos os demais servidores da fazenda. Consta que ele induziu Ismália, uma escrava do Barão Macedo, a fugir para se juntarem e, como isso é muito grave, não posso deixar de infligir-lhe uma punição, sob pena de degenerar-se a disciplina e o respeito que não podem faltar nesta propriedade, com relação a nós e com relação aos outros.

Romualdo quedou-se como que petrificado, diante da ordem recebida e da notícia que sabia não corresponder à verdade. A sua cabeça parecia girar, incapacitando-o de raciocinar com lógica. Mas, como Alberto com olhar grave, aguardava-lhe a resposta, cobrou ânimo e respondeu:

— Mas, Dr. Alberto, não temos aqui nem chibata, nem pelourinho!

— Pois arranje uma, e plante um tronco no pátio da colônia! — respondeu Alberto, pondo mais firmeza na voz.

— Mas, Dr. Alberto, eu não poderei bater em Juvenal, a quem quero como se fosse um irmão! Eu nunca mais me perdoaria! Por favor, não me peça isso! O senhor tem o direito de decidir sobre nós todos contudo, poupe-me a ingratidão de não atendê-lo! Não posso bater em Juvenal, não terei forças para isso! — exclamou Romualdo, em prantos, com a voz entrecortada pela profunda emoção que experimentava.

— Como? Não vai atender-me? Eu lhe ordeno, Romualdo! — quase gritou Alberto.

Sousa, junto de Salvius que lhe observava as reações, estava estupefato. Aquele diálogo que pensara nunca viesse a ser travado naquela fazenda, soava em seus ouvidos, como o troar de canhões destruidores. O negro, que já se encontrava de joelhos, amassando entre as mãos, nervosamente, o chapéu de palha, tremia como uma criança. A voz firme e decidida de Alberto infundia-lhe terror, e tinha-se a impressão que o moço sentia o mundo desabar sobre sua cabeça.

Alberto fazia uma força infinita para manter a atitude, tendo a seus pés o pobre homem, aniquilado. O sangue lhe latejava nas têmporas pela emoção interior que o invadia face à nova decisão que teria de tomar ante a reação de Romualdo. Havia medo em todos os corações. Medo e expectativa.

— Não posso! – disse Romualdo, soluçante. Pode castigar-me por desobedecer-lhe as ordens, meu senhor, mas não posso! Faça de mim o que quiser, mas não me deixe manchar as mãos com o sangue de um pobre irmão! Nunca tive nada além das alegrias dessa fazenda e, ainda que deva perder a vida, não quero perder o respeito a mim mesmo!

Alberto não compreendeu as últimas palavras do capataz e deixou que uma onda de indignação lhe subisse à cabeça.

Afinal – pensou – que tanto valor poderia uma criatura cativa dar a si mesma, a ponto de preferir faltar ao respeito com os benfeitores?

Não estaria Romualdo ultrapassando as fronteiras da liberalidade?

— Pois eu sinto muito a sua indisciplina e revolta, e tiro-o do serviço de capataz desta fazenda! – exclamou Alberto, agora um tanto irritado. Recolha-se à sua casa e se considere preso até que eu resolva o que fazer com você! Não vou admitir que se negue a uma ordem minha! Você está aqui para cumpri-la e não para ajustá-la aos seus sentimentos! Saia daqui e guarde silêncio do que se passou, pois não pretendo que saibam que você me desobedeceu, criando-me um problema muito maior.

Romualdo, arrasado, sentindo as vibrações do pronunciamento duro de Alberto, amedrontado pelas consequências de seu gesto, esgueirou-se como um felino, e deixou a sala. Saindo da casa, atirou-se sobre a grama fria, chorando como uma criança de quem tivessem tirado todos os brinquedos.

Alberto quedou-se imóvel e pensativo, com as faces vermelhas pela emoção entremeada de indignação e de pavor. Que iria fazer? Como solucionar agora o problema? A quem confiaria o castigo? Essas interrogações cruzavam em sua cabeça como blocos de pedra a despencarem da montanha, arrastando-se numa avalanche sem fim.

Sousa não sabia o que pensar. Não pudera, diante da cena inusitada, esboçar qualquer gesto. As únicas reações que puderam aflorar, estavam expressas nas lágrimas que lhe molhavam o rosto. Que caminhos terríveis se abriam! Que consequências funestas se desenrolavam! Ah! – pensava ele – até onde se estenderia esse pesadelo?

Salvius, que a tudo acompanhava com serenidade, acercou-se de Sousa, colocando carinhosamente a mão sobre o ombro do amigo e trazendo-o mansamente junto a si:

– Calma, Sousa – disse ele com ternura, tentando apagar o incêndio de inquietação que lavrava dentro dele.

– Meu filho não pode fazer isso, Salvius! Romualdo sempre foi um servidor humilde e deu sua vida inteira a nós todos. Nunca reclamou, nunca deixou de cumprir a mínima ordem com um sorriso de alegria! Meu filho errou, Salvius! Errou outra vez! Queira Deus que os erros não se encadeiem e a ruína se abata sobre todos! Que podemos fazer, amigo?

– Nada – respondeu Salvius –, e eu o aconselho a aquietar-se e a pensar serenamente. Todos os que aqui permanecem estão ligados por laços poderosos do passado, numa experiência que tem os seus momentos supremos de decisões, onde cada um se expressa dentro das próprias posses evolutivas, com plena liberdade de dar os próprios passos e de escolher os próprios caminhos. Ademais, Sousa, nem sempre sabemos discriminar o certo e o errado, porque nos inclinamos para as próprias soluções. Conquanto lhe pareça um paradoxo, digo-lhe que quem cometeu o erro maior foi Romualdo. Alberto está enquadrado dentro de uma realidade, submetendo-se a um papel que lhe repugna, mas tem em vista um fim superior que é a preservação do bem de todos. Romualdo, no entanto, deixou-se tocar pelo sentimentalismo, justo nos momentos apropriados e dentro do espírito do dever e da disciplina, porém injusto agora, quando não aceitou a sua cota de sacrifício e não confiou no amigo e benfeitor, que encontraria na sua compreensão, ou melhor dito, no seu dever indeclinável de cumprir a estranha ordem, a melhor solução para a situação presente. Romualdo desertou, Sousa. Perdeu o posto no qual sempre foi e poderia continuar a ser o protetor de centenas dos seus irmãos e, pior que isso, deixou-o vago para não sabermos quem ocupar. Surrando Juvenal seus braços seriam benignos e o episódio não passaria a ser mais que uma cena vergonhosa que o tempo facilmente apagaria. Deixando de surrá-lo, entregou-o aos braços de desconhecidos. Oremos, meu amigo, e não deixemos nos envolver em vibrações de inquietação desnecessária e muitas vezes injusta. Os nossos amigos encarnados vivem uma experiência necessária, e cada um deverá cumprir o seu papel.

– Quer voltar? – perguntou Salvius, paternalmente, depois de uma pequena pausa que dera ao amigo para recompor-se.

## SENZALA

— Por favor, Salvius, deixe-me ficar! — implorou Sousa. Acho que enlouqueceria se deixasse agora o palco desta tragédia.

— Mas eu lhe previno que as emoções das horas seguintes serão muito fortes e você terá necessidade de se submeter a elas com muita calma — explicou o mentor.

— Jesus me ajudará — respondeu Sousa, soluçante, retirando-se com Salvius para o exterior da habitação.

o

Alberto estava só na sala. Quando Romualdo se retirou, manteve-se por alguns instantes sob controle emocional, todavia, não resistiu por muito tempo e debruçou sobre a mesa, chorando desesperadamente.

D. Maria Cristina, que vira o capataz sair, entrou no aposento e ante o filho prostrado, imerso em pranto doloroso, acercou-se dele por trás, tocou-lhe os ombros com as mãos delicadas, como para confortá-lo.

— Mamãe, e agora?! — exclamou o moço, entre lágrimas. Como iremos solucionar o problema? Romualdo negou-se a obedecer as minhas ordens! Quem açoitará Juvenal?

— Oh! mamãe! — continuou o jovem, depois de breve pausa. Acho que está se desencadeando sobre nós uma infelicidade sem limites!

— Acalme-se, meu filho — disse a genitora bondosamente, retendo com esforço as lágrimas e fazendo uma força infinita para controlar-se, a fim de sustentar o filho. Confiemos que tudo nos saia bem. Afinal você procurou a melhor solução, sem espírito de maldade. Acho que era o melhor caminho a seguir, e se surgiram obstáculos cabe-nos removê-los e não sentarmo-nos na estrada para chorarmos improficuamente. Descanse um pouco. Amanhã, cuidaremos disso.

E, levantando carinhosamente o filho, acompanhou-o ao quarto.

o

Ao deixar a casa grande, Romualdo atirou-se sobre a grama do canteiro a chorar convulsivamente, e assim ficou por quase uma hora, incapaz de coordenar os próprios pensamentos.

Quando serenou um pouco o espírito, levantou-se cambaleante e foi à procura de "tio" Henrique. Lembrou-se do amigo compreensivo e generoso, e decidiu buscar-lhe a companhia para aconselhar-se.

"Tio" Henrique, a essa hora, estava sentado à porta da casa, com o olhar perdido na imensidão do céu.

Ao ver Romualdo, sobressaltou-se pelo aspecto deplorável que apresentava: faces traumatizadas pelo desespero e olhos congestos de chorar.

— "Tio" Henrique — foi dizendo Romualdo à medida que se aproximava, incapaz de conter-se. Uma desgraça se abateu sobre todos nós! O Dr. Alberto proibiu-me de contar, mas vou desobedecê-lo outra vez porque sei que o senhor saberá guardar segredo.

— O que está se passando, meu filho? — inquiriu "tio" Henrique, erguendo-se e sustentando-o entre os braços magros e trementes.

— Acusaram o Juvenal de estar encorajando Ismália, aquela escrava do Barão Macedo, para fugir com ele, e o Dr. Alberto mandou-me dar-lhe trinta chibatadas!

As palavras de Romualdo caíam no espírito do velho como ácido, mas, na sua sabedoria, controlou-se, convidando o amigo para sentar-se junto dele à soleira da porta.

— O patrão encarregou-me de aplicar o castigo e eu me recusei. Destituiu-me da posição de capataz e mandou que eu me recolhesse preso em minha casa, até que resolva o que fazer comigo! O que está acontecendo, "tio" Henrique?

O velho deixou-se imergir em alguns instantes de reflexão, como a perscrutar os arcanos daquela situação terrível, que representava uma transformação inesperada na vida de todos. Olhou o céu coberto de estrelas que cintilavam em miríades de pontículos luminosos, na noite clara em que a lua cheia derramava seus raios sobre os campos, transformando as copas das: árvores em umbelas fluorescentes.

— Acho que posso adivinhar o que se passa — disse finalmente. Esta tarde, o Barão Macedo esteve na fazenda, em companhia do seu capataz. Eu os vi daqui, quando se dirigiam à casa grande, onde permaneceram só por breves minutos. Essa velha víbora deve ter inventado a intriga contra nosso Juvenal e, quem sabe, ameaçado os patrões. Há vinte anos esse homem desnaturado vem tentando destruir-nos. Nunca desistiu disso, mas tinha que enfrentar a firmeza do Coronel Sousa, e nunca conseguiu nada. Pode estar certo, meu filho, que esse golpe veio por ele.

Nesta altura, aproximavam-se Sousa e Salvius, que passaram a ouvir a conversação.

— Só pode ser isto, "tio" Henrique, só pode ter sido o veneno dessa víbora! exclamou Romualdo, e, continuou: — Que faremos agora?

"Tio" Henrique, deixou a pergunta pairando no ar por alguns momentos, e fixou Romualdo nos olhos, onde o medo fizera morada.

— Meu filho — disse o preto velho —, aprendi com a vida a aceitar as coisas que nos chegam e contra as quais somos impotentes. Aprendi, também, a não enganar-me com desculpas que justificassem os erros. Digo-lhe que você foi muito infeliz recusando-se a cumprir as ordens do patrão. Você devia ter confiado mais nele e aceitar a possibilidade, muito justa, de que alguma coisa grave deveria estar acontecendo para que ele tomasse essa atitude. Quem é mau é mau, e o moço sempre foi bom e estou certo que a medida devia lhe doer muito, muito mais talvez que em nós mesmos, porque, diante de Deus, ele é o responsável pelas nossas vidas. Ninguém ama um filho como o pai e, no entanto, bastas vezes o genitor tem que sacar a cinta para um corretivo ao filho desobediente. Não faz isso por vingança ou por maldade, faz sabendo que melhor é levar algumas leves lambadas em casa e aprender, do que ter que aprender lá fora com o mundo, muitas vezes com lágrimas. Juvenal arriscou-se, meu filho; a sua inquietação fê-lo querer demais. Nas suas mãos, tenho certeza de que o castigo lhe seria brando e, é possível, até os nossos poderiam compreender. Não digo isso para torturá-lo, contudo, imagine se o patrão contrata um desses brancos sanguinários que enxameiam por aí, para aplicar o castigo. Não será pior?

À medida que "tio" Henrique falava, Romualdo caía em si da sua precipitação.

Sentiu vontade de voltar correndo para a casa grande, e pedir perdão ao Dr. Alberto, mas imaginando-o muito irritado, decidiu aguardar o dia seguinte.

– Que devo fazer, "tio" Henrique? Perguntou Romualdo, agora quase envergonhado.

– Acho que você deve ir para sua casa e pensar bastante. Amanhã cedo, faça de conta que está doente para não despertar a curiosidade dos outros, e vamos aguardar os acontecimentos. Não conte nada a mais ninguém, e procure parecer natural, escondendo essa tristeza e esse pavor que você tem estampados no rosto – respondeu-lhe o velho.

– Está bem – retrucou Romualdo desalentado –, vou seguir o seu conselho.

– Isso, meu filho – disse o velho –, vá para casa e entregue tudo nas mãos de Deus. Você errou por ser generoso, e isso não deve pesar no seu coração.

Enquanto "tio" Henrique pronunciava essas palavras, Sousa viu estirado no chão, logo além da casa, um homem branco que ouvia atentamente o diálogo que se travava. Tocou o braço de Salvius, e este lhe informou:

— Eu já o tinha visto, Sousa. É um dos sequazes do Barão Macedo. O velho experiente, cheio de manhas, fez com que um dos seus se introduzisse furtivamente sob a proteção da noite, para que ele possa estar informado do movimento da fazenda, a fim de poder organizar os seus planos diabólicos. Você está observando aqui outros frutos da desobediência. Se Romualdo tivesse obedecido estritamente às ordens que recebeu, recolhendo-se à sua casa e guardando o segredo recomendado, as coisas poderiam ajustar-se com mais facilidade. Agora, o velho Barão vai pôr-se a par de tudo, e sabe Deus o que poderá urdir para complicar a situação de todos. Uma simples negligência, meu amigo, às vezes pode nos arrojar em vulcões de lágrimas.

— De fato — respondeu Sousa —, como é difícil viver na Terra...

— Não é bem assim — atalhou Salvius. Difícil é cada um de nós se ajustar ao dever e à disciplina, os dois imperativos maiores para nos garantir a tranquilidade do espírito. O homem negligente e que se entrega à indisciplina mental, é foco permanente de complicações. Temos diante de nós, duas criaturas igualmente encarnadas, no entanto, as palavras de "tio" Henrique revelam que são dois espíritos com valores diferentes, cada um em condições de apreender as coisas por um ângulo que lhe é próprio.

## SENZALA

Levantara-se Romualdo, despedindo-se do amigo e dirigindo-se para sua casa. "Tio" Henrique deixou-se ficar ainda por alguns momentos pensativo a contemplar o céu aberto. Depois, recolheu-se cabisbaixo.

Quando tudo se aquietou, o homem que estava deitado no chão, virou-se cautelosamente e rastejou por muitos metros até que se levantou e correu na direção das terras do Barão, chegando à fazenda ofegante pois correra ansioso para dar a notícia do que presenciara. Sabia que o Barão iria ficar muito feliz com o seu trabalho e, certamente, o recompensaria regiamente.

Procurou Juvêncio e relatou-lhe tudo, palavra por palavra, sem omitir inclusive o seu conteúdo emocional.

Os olhos do capataz brilhavam de alegria. No sorriso largo que manteve todo o tempo do relato, lhe apareciam os dentes sujos de nicotina.

Seu corpo fremia em uma estranha vibração de maldade, antegozando os momentos de euforia que iria dar ao Barão.

Despedindo o capanga, dirigiu-se presto à casa da fazenda, à procura do Barão. Este o fez entrar, sem delongas, para o escritório, onde se fecharam.

– Que houve, Juvêncio, para me procurar a estas horas? – perguntou o Barão intrigado.

– Grandes novidades, patrão, grandes novidades! – exclamou, eufórico. O Pedro ouviu uma conversa daquele bode velho que chamam de "tio" Henrique, com o capataz da fazenda dos Sousas.

E transmitiu o relatório, entremeando-o de novas palavras para dar um efeito maior no espírito do patrão.

O Barão ouvia-o atentamente. Seus olhos dançavam nas órbitas, numa excitação sem limites. À medida que se inteirava das novidades, o seu cérebro doentio trabalhava febrilmente no processo de uma nova trama que aniquilasse o inimigo.

Amedrontara o jovem fazendeiro, e no primeiro embate já ele se perdera. Não só iria satisfazer-lhe o desejo de surrar o escravo, mas já, também, arrumara encrenca com os cativos. Até que enfim – pensava – iria ser plantado um poste na fazenda, e os negros imundos iriam receber o tratamento que mereciam: a chibata.

– Muito bem, muito bem! Belo trabalho o de Pedro! Dê-lhe um salário de gratificação. É justo que os empregados fiéis sejam recompensados! – exclamou o Barão numa alegria de ódio.

– Vamos dar mais um golpe naquele moleque pretensioso – continuou. Lembro-me que quando Alberto me propôs a compra de Ismália eu lhe disse que não a podia vender porque você gostava dela. Muito bem. Amanhã, logo cedinho, você se apresente na fazenda dos Sousas, procurando serviço. Diga que eu lhe despedi porque você se opôs a que eu envenenasse Ismália e foi expulso do serviço.

A medida que instruía o capataz, os olhos do Barão abriam-se desmesuradamente, retratando-lhe a sanha assassina, a maldade sem limites. Arquitetava um plano diabólico e contava que Alberto cairia na armadilha. Explicou todos os detalhes da trama ao cúmplice.

— Conto com você, Juvêncio — disse o Barão despedindo-se — tome muita cautela para não se deixar trair. O moço é inteligente e pode desconfiar facilmente. Se você conseguir — prometeu, solene — dou-lhe o salário de um ano como recompensa...

— E, a propósito — disse, afinal, o Barão — coloque um pouco de veneno em uma xícara com café e dê àquela negra louca, assim não nos aborrece mais.

o

Depois que o espião do Barão se diluiu no manto da noite, rumo à fazenda onde trabalhava, Sousa sentou-se na grama defronte à habitação de "tio" Henrique, junto de Salvius.

Estava muito preocupado. Conhecia as manhas do Barão, como conhecia a sua capacidade de odiar e a sua obsessão em destruir a comunidade da fazenda. Alberto não era parada para o Barão. Era bem formado, sem dúvida. Tinha a mansidão das pombas, mas faltava-lhe a malícia da serpente para a sua defesa.

— Estou preocupado, Salvius — disse ao amigo. Pondo-se a par do que se passou hoje aqui, o Barão verá que ganhou a primeira batalha e se arrumará agora para voltar à carga. Sabe Deus o que aquela mente doentia pode arquitetar!

— Realmente — respondeu o mentor —, a situação poderá se complicar caso o Barão se anime para novas investidas. Geralmente, os corações generosos não sabem se defender do mal porque não cogitaram dele. Acostumados a viverem espontaneamente, junto da sinceridade, relaxam a vigilância que, aparentemente, não se torna necessária. Aprendem a confiar nos outros e só descobrem que os outros mentem quando caem em uma grande desilusão. Conquanto seja perigoso, temos que admitir, meu amigo, que é preferível viver assim confiando, pois a desconfiança nos que nos cercam gera inquietação constante. Os mais complicados processos patológicos da mente têm sua etiologia na desconfiança habitual. O homem vive, nesse clima, como um animal encurralado, divisando caçadores imaginários que o querem abater e, no delírio dessa perseguição, cria um mundo de angústias e incertezas.

Salvius falava calma e pausadamente, como se quisesse que Sousa se impregnasse com suas palavras e se conformasse com o risco dos familiares.

– A dúvida – continuou – é um ácido destruidor que ataca o espírito, consumindo suas energias superiores. É um polarizador de todas as energias negativas que nos circundam, assim como é uma usina de inquietação, libertando poderosas correntes de antipatia e de perturbação.

– Eu entendo, Salvius – atalhou Sousa, respeitoso – contudo, não podemos nos entregar como cordeiros ao cutelo, quando em nossas mãos permanecem a segurança e a felicidade de muitas vidas.

– Esse é outro problema, Sousa – redarguiu Salvius, bondosamente. Os cristãos dos primeiros tempos caminhavam para o circo em grandes levas, apesar de estarem a serviço de Jesus, e não tenho notícias de que houve providências no Plano Espiritual para afastar-lhes o suplício do testemunho. As forças da vida não funcionam como nossa cabeça; elas são eternas e justas e cada um de nós palmilha os próprios caminhos, colhendo o resultado das próprias semeaduras. Não podemos penetrar nas profundezas de cada consciência para sondar-lhe as rotas do destino e, em razão disso, quando catalogamos um acontecimento como deplorável e injusto, aquele momento pode estar sendo um auge de suprema felicidade para a redenção do Espírito que nesses passos tem oportunidade de ressarcir débitos do passado. O que é bom e o que é mau nós podemos definir com os velhos padrões da Terra, de acordo com a alegria ou o sofrimento que nos causam, todavia, o que é justo e o que é injusto, são definições que nos escapam ao entendimento por desconhecermos os autos do processo cármico.

— Quer dizer então, Salvius, que devemos sempre deixar cada um entregue a si mesmo? Quando estava na carne, muitas vezes, dei ou recebi ajuda que resolveram situações. difíceis. Não é correto que nos ajudemos uns aos outros? — disse Sousa, cortando a manifestação do amigo.

— Bem, Sousa — respondeu Salvius —, esse é um processo que vige em todo o Universo, porquanto nada há na vida que subsista por si mesmo. Há uma interdependência em tudo, que nos obriga a nos atendermos uns aos outros. O lírio puro e alvo, geralmente, tem os seus pés na lama e dela tira o próprio sustento. Os excrementos dos animais garantem às plantas valiosa nutrição que as torna mais produtivas. Em determinados momentos, o homem considerado mais insignificante pode ajudar o tido como sendo mais poderoso. Há pouco, não me reportava ao abandono dos nossos irmãos, mas à necessidade de não interferir em suas vidas furtando-lhes a oportunidade da experiência. As decisões são de cada um, porque elas representam o momento em que o espírito extravasará os próprios problemas e resolverá as suas complicadas necessidades interiores. Você já sabe que as pessoas que nos cercam são personagens de um mesmo drama, e nos inclinamos para cada uma de acordo com as reminiscências de experiências pretéritas que estão arquivadas em nosso inconsciente. Em razão disso, as nossas decisões têm vinculação com uma realidade que não nos é dado perceber. Você tem muito tempo para constatar isso.

— Já que você falou em ajuda — continuou o mentor —, aguardemos aqui mais alguns instantes e assim que "tio" Henrique desprender-se do vaso físico vamos ter um entendimento com Alberto, a fim de encorajá-lo para as lutas de amanhã.

— E por que necessitamos da presença de "tio" Henrique? — perguntou Sousa, curioso.

— Porque sendo um Espírito de grande evolução e reencarnado, além de nos ajudar no esclarecimento, fornecerá energias para que Alberto me assinale a presença — respondeu Salvius.

De fato, mais alguns instantes e "tio" Henrique se juntava a eles, abraçando-os. Sousa, notando-lhes a camaradagem, teve a impressão de que se conheciam há muito tempo e ia mesmo perguntar, quando o mentor, lendo-lhe os pensamentos, esclareceu:

— Ainda há pouco, Sousa, eu lhe afirmei que as pessoas que convivem conosco são personagens de uma mesma história. Todos nós estamos ligados por laços do passado. Desde há muito, sou frequentador do seu ambiente familiar e muitas vezes, sem que você possa recordar-se, tivemos encontros iguais a este. Não foi o acaso que nos ligou em um quarto de hospital, nem é de alguns dias essa corrente de simpatia e compreensão que nos une, fazendo com que nos confiemos mutuamente. O amor não é floração passageira que a primavera põe encanto; é como o carvão da terra que precisa dos séculos para se transformar em diamante e a aspereza do buril para transmudar-se em jóia. Da mesma forma, a gestação do ódio é longa e se funda em realidade de ontem. O velho Barão Macedo não odeia os Sousas só porque os Sousas tratam bem os escravos; isso é apenas o pretexto para derramar seu ódio. Aqui se reuniram muitos dos seus inimigos do passado e digo-lhe, com toda segurança, olhando as coisas do lado do espírito, que quem corre maior perigo é ele mesmo, porquanto serão necessários muitos séculos para que esta situação se repita e ele possa encetar o reajuste com o grupo que continua a odiar. Mas vamos ao encontro de Alberto – finalizou Salvius, para que a curiosidade de Sousa não caminhasse por trilhas inoportunas.

Os três dirigiram-se para o quarto de Alberto. O moço, poderosamente ligado ao corpo, se debatia em pesadelos angustiosos. As emoções do dia foram violentas e desencadearam tamanha exaustão em seu espírito, deixando-o como nau sem leme em noite procelosa.

"Tio" Henrique aproximou-se dele e aplicou-lhe passes lentos ao longo de todo o corpo; à medida que a operação se alongava, o moço ia serenando, aquietando-se e, dentro de breves momentos seu espírito começou a desprender-se do veículo físico, pondo-se de pé. "Tio" Henrique envolvia-o paternalmente nos braços transmitindo-lhe poderosos jatos de força. O jovem foi ganhando lucidez e assinalou a presença dos visitantes. Ao ver o pai, arrojou-se em seus braços soluçante. Salvius dirigiu significativo olhar a Sousa como a preveni-lo da necessidade do equilíbrio que ajuda.

— Tem calma, querido filho — disse-lhe Sousa com ternura —, a tempestade passará em breve, e tudo voltará à tranquilidade de sempre. Aprendamos a confiar na misericórdia de Deus que nos ampara sempre, e entreguemos-lhe a solução dos nossos problemas. Enxuga as lágrimas de desespero. Estamos aqui para ajudá-lo, e tudo há de terminar bem.

Salvius aproximou-se, e libertou-o dos braços do pai, percebendo a emoção de Sousa.

— Vamos, meu rapaz — disse o mentor, em seguida —, é preciso que você cobre ânimo, pois a luta continuará, e sem que erga a sua fortaleza interior, será muito difícil suportar as batalhas que virão. Viemos recomendar-lhe muito cuidado para amanhã. O Barão está a par do que se passou aqui hoje e, certamente, voltará à carga. Vamos sair juntos para o campo e orarmos para que você se fortaleça e desperte mais encorajado e lúcido. Estamos atravessando momentos de grandes testemunhos, e é necessário vivê-los da melhor maneira possível para que a oportunidade não se perca.

Alberto sustentou-se nos ombros do pai e de "tio" Henrique, saindo os quatro em demanda de um recanto onde entregaram-se à oração e ao entendimento.

o

## SENZALA

Alberto despertou mais calmo. Sentia-se aliviado.

— Tivera uma noite tranquila — pensou — que lhe trouxera o benefício da serenidade. Sentia-se encorajado para enfrentar os problemas que o dia lhe trazia.

Foi ao café matinal envolvido por esse clima de tranquilidade interior, confiante de que os minutos do dia lhe trariam soluções adequadas para a contingência que sobreviera.

Ainda não tinha terminado o rápido repasto quando Benedita veio informá-lo de que um branco, o capataz do Barão Macedo, estava à porta e queria falar-lhe.

Para sua surpresa, não se inquietou. Continuou a tomar seu café e, ao terminá-lo, foi ao encontro do visitante.

Atendeu-o à porta mesmo. O dia já avançara bastante. O sol derramava seus raios luminosos, vestindo de beleza os canteiros floridos que circundavam a casa, conquanto persistisse ainda a amenidade da manhã e a vegetação permanecesse molhada do orvalho generoso da madrugada.

Juvêncio trazia em uma das mãos uma mochila de roupas, surrada e suja de terra, que a fizera avermelhar-se. Na outra mão, enrolado em algumas voltas presas entre os dedos, portava uma chibata. Era o seu instrumento de trabalho, o seu ganha-pão; parecia uma serpente terrível. Era um chicote verdadeiramente perigoso, feito de couro cru, pacientemente trançado e terminado com um nó de muitas pontas; podia-se notar, pelas manchas escuras que apresentava, que seu dono não cuidava de limpar o sangue que as chibatadas arrancavam, pois isso era, para os capatazes, como que os louros do seu mister e o testemunho da sua eficiência. Tinha a barba por fazer, já de alguns dias, o que lhe dava, juntamente com o detalhe do cabelo negro e despenteado, um aspecto desagradável. Seus olhos eram pequenos e duros como os das cobras venenosas, postos a pequena distância um do outro. Seus braços eram fortes como dois troncos de árvore, e as mãos longas e pesadas. Trajava uma roupa escura e mal cuidada. Seu aspecto era sinistro e desagradável. Estava de pé diante da pequena escada de tijolos à vista que se dispunha para acesso à porta da moradia.

Ao abrir a porta e defrontá-lo, Alberto sentiu um certo mal-estar. Na verdade, aquele homem irradiava perturbação, já pela sua própria aparência, já pela sua disposição interior, que era um poço de maldade ao qual, de há muito, não chegavam os raios luminosos do menor brilho do amor.

— Bom dia, senhor Juvêncio — disse Alberto polidamente desde logo. Em que posso servi-lo?

— Fui despedido pelo Barão Macedo e estou à procura de serviço — respondeu o homem, depois de corresponder-lhe ao cumprimento. Tive um desentendimento sério com o Barão e achei melhor, antes de ir-me para outras bandas, vir oferecer meus préstimos ao senhor, porque sabendo as intenções do velho, e conhecendo-lhe os métodos da maldade, poderia ajudar o senhor na situação atual.

— Não entendo o que diz — respondeu Alberto algo surpreendido.

— É fácil — respondeu Juvêncio... O Barão quer uma desforra com o senhor e vai cumprir a promessa que lhe fez ontem, à tardinha. Isso trará, sem dúvida, complicações difíceis e eu saberia como ajudá-lo a enfrentar a sua ira.

— Perdoe-me a indiscrição — retrucou o jovem —, mas que espécie de desentendimento teve você com o Barão Macedo?

— Eu gostava muito de uma escrava que o Barão possuía, de nome Ismália e, ontem à noite, ele pediu-me para envenená-la. Não só recusei-me a isso como me revoltei diante da sua decisão e tivemos uma discussão violenta. Não fossem as pessoas que apareceram em razão do barulho provocado pelas palavras ásperas que trocamos, e acho que teria chicoteado e morto aquela velha víbora que não tem o mínimo respeito pela vida e pelos sentimentos dos outros. Sei que não tenho muito direito de falar em bondade, porém, meu comportamento ingrato resulta do meu trabalho e da necessidade de cumprir as ordens dos meus superiores. Isso não quer dizer que eu não tenha sentimentos e não goste de ninguém — finalizou Juvêncio procurando demonstrar uma falsa humildade que não se casava com a sua fama e com o seu aspecto.

Alberto ouvia as suas palavras atentamente, procurando pesá-las, senti-las, para descobrir o seu verdadeiro conteúdo. Lembrou-se da referência que o Barão Macedo fizera ao amor do capataz à escrava Ismália, e inclinou-se a aceitar o que o homem lhe relatava. Não simpatizava com Juvêncio, e nem mesmo a sua manifestação, que procurara aparentar alguma humildade, não lhe modificara o sentimento.

— Mas, senhor Juvêncio — nunca tivemos aqui um capataz branco e nunca usamos esse instrumento que você carrega nas mãos –, respondeu Alberto, indicando o chicote que pendia em grosso rolo a partir das mãos robustas do capataz.

– Bem, mas eu sei que a melhor solução para o senhor resolver o caso criado pelo Barão Macedo, se o senhor me perdoa apreciar o assunto, será castigar o seu escravo e penso que poderia servi-lo para isso. Ademais, também sei trabalhar sem o chicote e obedecer ordens brandas. Tenho longa experiência nos trabalhos da terra e poderia auxiliá-lo decentemente.

Alberto, que havia, por momentos, esquecido seu problema, sentiu abrir-se a perspectiva de uma solução e considerou as últimas palavras do homem. Realmente – pensou –, o capataz faz o que mandam, é um mero executor, e não podia deixar de ter fundamento a consideração de que, recebendo ordens benignas, um homem pudesse deixar de cumpri-las, estando em situação de subalternidade.

Fez Juvêncio entrar em seu gabinete. Acomodaram-se e Alberto procurou estabelecer uma conversação que lhe assegurasse maior certeza acerca daquele homem.

– Senhor Juvêncio – disse o moço –, se eu tivesse a segurança de que você pudesse se ajustar ao nosso modo de dirigir a fazenda, talvez pudesse contratá-lo, pelo menos para um período experimental. Devo confessar que levo a sério as ameaças do Barão Macedo e não desconheço a sua força, mas não o temo e sei que poderemos enfrentá-lo. Todavia, como não é do nosso feitio guerrear com qualquer pessoa que seja, estimava encontrar uma solução pacífica.

Juvêncio acompanhou as palavras de Alberto com uma profunda alegria interior. Percebera que ganhara terreno e, se mantivesse essa conquista inicial, acabaria por triunfar.

— Pode confiar em mim — atalhou o homem com segurança. Estou acostumado a obedecer e se sou capaz de obedecer até as ordens mais duras e ingratas, com muito maior prazer e eficiência, poderia atender as ordens que provenham da sua conhecida generosidade. Ser-me-á muito mais fácil, aliás, cumprir ordens benignas do que atender às exigências de maldade. De outra parte, Dr. Alberto, o Barão Macedo está disposto a tudo e creio que poderei ajudá-lo com eficiência a resolver esse problema, seja qual seja o caminho que o senhor tomar, conquanto, se me permite a ousadia, creio que o mais fácil seria o de castigar o seu escravo, pois isso bastaria ao Barão que espera há mais de vinte anos que um negro seja castigado nesta fazenda.

— Na verdade, Juvêncio — é para essa solução que me inclino, embora saiba que Juvenal é inocente. Essa seria a sua primeira tarefa e certamente a última desse gênero, porquanto jamais isso se repetirá nesta fazenda — respondeu Alberto já muito menos reservado, e deixando-se envolver pelos protestos de obediência do capataz e pela possibilidade de encontrar alguém que aplicasse a punição em Juvenal.

— Muito obrigado, Dr. Alberto — respondeu Juvêncio triunfante e aparentando um entusiasmo de reconhecimento. — O senhor não se arrependerá. Não vamos nem falar em salário; depois o senhor verá o quanto mereço ganhar e aceitarei o que houver por bem me pagar. Se achar, a qualquer momento, que não presto para servi-lo, pode dizer-me e o deixarei livre de qualquer compromisso.

— Vamos experimentar. Vou mandar preparar-lhe uma casa que temos isolada da colônia dos trabalhadores, onde o senhor possa se instalar hoje e, amanhã cedo, o apresentarei às turmas de trabalho.

— Nesse caso, vou apanhar o resto de minhas coisas que deixei no armazém da estrada e na fazenda do Barão; e à tarde virei para cá. Se o senhor me der licença, vou tomar desde já as providências para não perder tempo.

Alberto o despediu e Juvêncio, radiante, ganhou a estrada, ansioso de contar ao Barão Macedo a sua vitória e a porta formidável que abrira para a realização dos desejos longamente refreados do velho escravocrata.

o

Francisco havia viajado por alguns dias para a cidade, onde fora remeter recursos para atender às despesas de Cidália e providenciar algumas compras de materiais. E, nesse dia a que nos reportamos, logo depois que Juvêncio deixara a fazenda, chegava ele de viagem.

Quando entrou em casa, D. Maria Cristina acabava de reunir-se a Alberto que a chamara para comunicar-lhe a sua decisão de contratar os serviços de Juvêncio.

Após os cumprimentos que a presença do jovem generoso inundou de alegria, seu irmão o convidou a sentar-se para pôr-se a par dos últimos acontecimentos.

Alberto relatou-lhe, calma e minuciosamente, a intriga do Barão, a conversa com Romualdo. Francisco ouvia tudo silenciosamente, mas em profunda revolta. Quase não podia acreditar no que o irmão dizia. Era como se estivesse tendo um pesadelo terrível. Quando Alberto acabava de mencionar o episódio com Romualdo, o moço não se conteve.

– Mas, Alberto, isso tudo é um absurdo. Você não pode mandar castigar Juvenal por algo que não fez! Tenho certeza de que ele é incapaz disso! Muito menos, meu irmão, você poderia ter destituído Romualdo da sua condição de capataz, depois de tudo o quanto ele nos fez de bom! Papai o amava profundamente e sempre tivemos nele o nosso braço direito para os trabalhos desta fazenda! Perdoe-me, caro irmão, mas isto me deixa muito triste e me dá a liberdade de dizer-lhe que você errou redondamente nas suas decisões. Isso contraria tudo o quanto nosso pai nos ensinou, e não será pela impertinência desse assassino Barão Macedo que iremos arruinar as nossas vidas e a vida dessa pobre gente! Não se pisa assim sobre princípios que sempre foram a razão da nossa vida para fugir à necessidade de se atender à situação de um momento! Hoje é o medo, amanhã será o remorso. Por Deus, mamãe, diga que isso tudo não é verdade e não vai ser assim! – arrematou o jovem desesperado, voltando-se para a genitora.

D. Maria Cristina, que desde o dia anterior estava preocupada com a reação de Francisco, o qual, conquanto inexperiente, era de uma generosidade sem limites, acompanhava no relato de Alberto e na explosão de Francisco, as emoções deste, sentindo desde logo que o desentendimento entre os irmãos não tardaria.

Alberto ouvia as palavras de Francisco profundamente irritado, tanto que se sentia incapaz de falar dada a emoção que o invadia.

O Coronel Souza e Salvius chegavam no recinto, surpreendendo o clima expectante e perigoso que se formara ao redor daquelas criaturas irmanadas numa experiência a atravessar dolorosa crise. Chegaram a ouvir as últimas palavras de Francisco, e Sousa inquietou-se.

– Salvius – disse ele ao amigo –, ao que parece, as coisas caminham por aqui para um desfecho inoportuno. Uma vez quebrada a unidade familiar, será muito mais difícil resolver satisfatoriamente os problemas do momento.

– É verdade – respondeu Salvius, calmamente. A indignação de Francisco está produzindo a irritação de Alberto e as duas posições negativas se não contornadas, poderão chocar-se lamentavelmente num confronto de resultados indesejáveis. Ajudemos sua esposa.

Salvius aproximou-se de D. Maria Cristina e tocou-a a fim de ajudá-la na mediação que se fazia urgente, enquanto Alberto não encontrava forças para contestar o irmão.

– Francisco, meu filho – disse a nobre senhora com ternura – não tire conclusões apressadas nem condene assim seu irmão. Nós todos continuamos fiéis aos nossos princípios e nenhum de nós se transformou, de um momento para outro, em algoz impiedoso. A verdade é que nos surgiu uma situação inesperada, urdida pelo ódio de um velho inimigo da família o qual viu se abrir a sua melhor oportunidade de vingança.

## SENZALA

Pesamos muito o caminho a tomar e como devíamos, necessariamente, tomar um rumo, aceitamos a eventualidade de seguir o que nos pareceu o mal menor. Você, meu filho, é generoso e justo, e com muita razão não pode aceitar a solução dolorosa que encontramos. Mas é preciso que você se lembre sempre que o bem coletivo deriva do sacrifício pessoal de muitos que se sujeitam a aceitarem, com renúncia e desprendimento, as imposições quase sempre dolorosas do sacrifício das próprias aspirações. Bondade e justiça não se alcançam tão-só com o desejo de obtê-las. Mas, e principalmente, com a compreensão do que elas representam por si mesmas, para cada um e para todos. Não estamos sendo nem bons e nem justos para com Juvenal; acima do sacrifício que nos cabe no momento, colocamos o interesse geral. Seria justo deixar que o Barão Macedo, com seus sequazes invadissem nossa propriedade e, num confronto armado que seria inevitável e no qual estaríamos inferiorizados, muitos morressem e se destruísse todo esse patrimônio que serve a todos? Sei que é muito amarga a solução que concertamos, contudo, meu filho, serão apenas sacrifícios pessoais. Quantas e quantas vezes aceitamos outras soluções que doem mais do que chibatadas e ao invés de nos deixarem marcas no corpo, deixam cicatrizes nos nossos corações? As mesmas interrogações angustiantes que você fez, nós estamos fazendo a nós mesmos desde ontem, e o mesmo sofrimento que você está experimentando, nos tortura, a mim e ao seu irmão. Por isso, meu filho, acalme-se e seja ponderado.

As palavras da genitora tiveram o condão de mudar a posição dos dois rapazes. Francisco, sem soluçar, deixava as lágrimas correrem pela face que o sol do campo amorenara ao seu contato diário com a Natureza. Alberto amainara a própria irritação, considerando, ante as palavras da genitora, a bondade e a surpresa de Francisco.

O Coronel Sousa estava comovido e mais confortado, vendo os espíritos dos familiares se desarmarem.

— Salvius — disse ele dirigindo-se ao amigo espiritual —, obrigado pela intervenção precisa que possibilitou essa volta ao entendimento. Tive, por momentos, medo de que se desencadeasse uma tempestade terrível entre os meus familiares.

— Não me agradeça por nada — retrucou Salvius, sem afetação — agradeça a você mesmo que sempre soube semear bons sentimentos em sua casa. Nós, os espíritos, no socorro aos encarnados, podemos apenas supri-los de energias equilibrantes, contudo, as soluções que encontram e a manifestação da sua vontade advêm de si mesmos, do que são. Não temos o poder de mudar-lhes os sentimentos e nem o direito de impor-lhes decisões. Isso representa a realidade de cada um e o livre arbítrio que é inerente a cada alma pela misericórdia de Deus.

Depois de breve pausa que se fez entre os encarnados, foi Alberto quem tomou a palavra.

Estamos, Francisco, assumindo muitos riscos, conscientes deles e sujeitando-nos aos seus resultados. Agora mesmo, quando você chegava, chamei mamãe para comunicar-lhe uma minha decisão não menos arriscada. Esteve aqui, hoje, pedindo serviço, o Juvêncio, capataz do Barão Macedo, que se disse despedido em virtude do patrão ter-lhe ordenado que envenenasse a escrava Ismália, e ele ter se recusado. A moça foi sacrificada e não esqueça você que fomos nós, tentando um gesto de bondade, quem começamos todo esse drama, que o velho Barão está aproveitando como meio de vingança. Se nós não tivéssemos tido a ingenuidade de tentar a compra da escrava para atender ao amor de Juvenal, nada disso estaria acontecendo. Por um louvável gesto de bondade, já foi sacrificada uma vida e vai ser cometida uma injustiça de consequências imprevisíveis. De outra parte, a raiz dessa complicação está chantada num sentimento muito justo de Juvenal que deixou prender o seu coração a um amor do qual ninguém poderia prever este desfecho. Vi-me na contingência de contratar Juvêncio, que sabemos desalmado e inconveniente, porque um dos nossos, sem tentar compreender os nossos problemas, recusou-se a fazer o seu papel aplicando a pena em Juvenal. Veja bem que, em todos os nossos gestos há uma nota de bondade e, no entanto, a cada passo, caminhamos para situações mais difíceis. Amanhã, Juvêncio começará a trabalhar. Terá que plantar um poste no pátio da fazenda e, à noite, aplicará o castigo em Juvenal. Nestas alturas não temos outro caminho, e aconselho a você que volte para a cidade e hospede-se no hotel por alguns dias, a fim de que não sofra desnecessariamente com o espetáculo que teremos de enfrentar. Peço mesmo, encarecidamente, que você retorne desde já – finalizou Alberto olhando significativamente para a genitora, como a pedir-lhe que o apoiasse no convencimento da partida do irmão.

Sousa ouvia as explicações de Alberto com desagrado, conquanto não pudesse considerá-las fora de propósito. A verdade era aquela mesma, contudo, a presença de Juvêncio na fazenda lhe infundia medo e duvidava da sua sinceridade tendo a certeza de que era um ardil do Barão Macedo, preparado após a oitiva pelo seu comparsa da conversa entre Romualdo e "tio" Henrique.

– É verdade, Sousa – atalhou Salvius para completar seu pensamento – Juvêncio vem a mando do Barão para infiltrar-se, como se infiltrou na fazenda, e ser o instrumento de sua vingança. A única verdade na história que contou é a morte de Ismália, que foi envenenada ontem à noite depois de terríveis humilhações. Alberto, não obstante desconfiado, não percebeu o jogo, e aceitou o trabalho do capataz tendo em vista a necessidade de encontrar alguém que faça o indesejável trabalho que Romualdo recusou. Há um paradoxo nisso tudo, quando o sentimento de bondade ajuda a proliferação do mal, mas há também, por detrás dessa sequência, reservas sutis que emergem do passado, conduzindo essas almas para testemunhos inevitáveis dentro do calendário cármico. Você será ainda constrangido a ver muitas coisas tristes, contudo as compreenderá e saberá que cada um de nós traça os próprios caminhos e prepara os próprios resultados, bons ou maus.

Foi D. Maria Cristina quem retomou a palavra, logo depois que Alberto silenciou.

– Estamos mesmo assumindo novo risco. Esse homem contratado é um desalmado e, se não for vigiado, pode nos causar complicações. Resta ainda a possibilidade de que esteja a serviço do Barão, instruído por ele para agir entre nós. E bom, Francisco, que você atenda às ponderações de seu irmão e retome para a cidade imediatamente, evitando ferir seu coração generoso com o drama que estamos vivendo. Sei que, mesmo ausente, você estará sofrendo conosco, todavia não guardará na lembrança as cenas degradantes que não irá presenciar – finalizou a genitora olhando o filho bem nos olhos.

– Está bem, mamãe, voltarei, imediatamente. Acho que não suportaria ver Juvenal ser injustamente castigado por aquele brutamontes, Espero que Deus nos ajude para que não advenham outros males. Entendo, agora, com mais clareza, a situação que atravessamos e sinto muito ter sido por minha causa, ao pedir as providências de Alberto, que tudo isso esteja acontecendo.

As malas de Francisco nem chegaram a ser desfeitas. Uma hora depois estava de retorno à cidade, partindo cheio de preocupações e deixando seus familiares mais confortados por poderem ter lhe poupado o que estava por vir.

Alberto e D. Maria Cristina voltaram aos seus afazeres.

Do outro lado da vida, Sousa e Salvius retiraram-se da casa grande para andarem pela propriedade e pelos campos.

o

Pela manhã, depois que acertou com Alberto o seu emprego, saiu Juvêncio diretamente para a propriedade do Barão Macedo. Excusado dizer da sua alegria doentia por ter conseguido se infiltrar na propriedade dos Sousas e ser o braço vingador do velho Barão. Antegozava os flagelos que imporia aos escravos e, particularmente fixava seu interesse no episódio do dia seguinte, quando iria plantar um poste e, pela primeira vez, em cinco lustros, surrar um dos cativos do Coronel.

Ia inquieto e açulava a montaria, no afã de chegar o mais rápido possível até o Barão; queria despejar toda aquela informação preciosa que repletaria o velho sanguinário de satisfação. Não podia conter-se e, pelo caminho, galopando, falava alto consigo mesmo e ria como um dementado mostrando os dentes sujos fincados entre os dois lábios grossos e úmidos de baba.

Enfim, chegou. Desceu quase de um pulo de sobre a sela do animal. Estava ofegante, parecia ter coberto o percurso a pé, tal a sua ansiedade em transmitir a notícia que para eles era uma vitória retumbante.

O Barão, ao vê-lo, até assustou-se. Fê-lo entrar, e foram precisos alguns minutos, diante da insistência do Barão para que falasse, tal a emoção de que estava possuído. Afinal, lhe saiu a voz e relatou ao velho toda a conversa que mantivera com Alberto, inclusive a sua contratação.

Era de se verem as emoções e os olhares que trocavam aquelas duas almas diabólicas diante das perspectivas de desencadearem o mal e a morte na comunidade dos Sousas. Nem dois venturosos que tivessem descoberto um rico filão de ouro, exultariam tanto quanto aqueles dois homens que se alimentavam de ódio e de destruição.

– Muito bem! Muito bem, meu rapaz! – exclamou o Barão com um sorriso diabólico e com uma alegria criminosa que lhe dava um aspecto de imensa felicidade interior. – Chegou, enfim, a nossa vez! Quem diria que um dos nossos iria até àquela propriedade maldita para, com as próprias mãos, fazer nossa vingança! Deus é grande, Juvêncio! Deus é grande!

– Pois é como lhe digo, patrão: amanhã plantarei o tronco e à noite, penso eu, vou arrebentar aquele negrinho no chicote – atalhou Juvêncio, procurando agradar o patrão.

– Isso mesmo, Juvêncio! E bata forte! Bata com toda a força que você puder! Triture as costas do negro! O seu braço deve transmitir todo o meu ódio àquela gente! E depois, como capataz da fazenda, não dê tréguas aos escravos. Faça intrigas e castigue o quanto puder! – quase gritou o Barão com a boca espumante de uma estranha volúpia, olhos quase a saltar-lhe das órbitas, e punhos cerrados.

– Pode deixar, patrão. Pode deixar que eu sei como tratar essa gente imunda. De mais a mais, o Dr. Alberto é um bobo, uma criança inexperiente que não enxerga um palmo diante do nariz – disse Juvêncio, animado pela euforia do Barão.

– Mas, meu rapaz, seja esperto! Aparente bondade e compreensão. Trate bem os negros, principalmente diante dos fazendeiros, e à medida que surgirem as oportunidades, leve-os ao tronco e bata forte. Bata para matar – finalizou o Barão, esmurrando a mesa à sua frente.

## VI

## UMA NOITE DE TERROR

Mal Alberto acabara de tomar o café, e Juvêncio já o esperava à porta. Trazia em uma das mãos o chicote e sobre o lombo do animal os seus pertences para instalar-se na fazenda.

Ao ver o instrumento de suplício, Alberto teve um calafrio. Mandou que o capataz o guardasse, pois não pretendia vê-lo passear na fazenda portando aquela arma sinistra.

Juvêncio obedeceu, e amarrou o chicote na sela do animal.

Desceram juntos até o pátio da colônia onde se juntavam os trabalhadores, como de costume.

O capataz tinha feito a barba, trocado uma roupa limpa, botas lustradas, o que lhe dava melhor aparência que satisfez a Alberto, pois – imaginou este – impressionaria melhor os cativos.

Quando os trabalhadores viram aquela fera humana, cuja fama conheciam muito bem, tremeram. Trocaram olhares expectantes, e um leve murmúrio se fez ouvir na multidão.

Alberto fez que não percebeu a reação. Juvêncio, por sua vez, continuou a caminhar imperturbável.

Quem mais sofria diante da inusitada revelação, era Romualdo. No dia anterior, atendendo a sugestão de "tio" Henrique, dera parte de doente, contudo, naquela hora ali estava, alimentando, até aquele momento, a esperança de que o Dr. Alberto, coração magnânimo, o tivesse perdoado e desistido do seu propósito. Ao ver Juvêncio, sentiu todo o peso da sua responsabilidade por ter se recusado a castigar Juvenal. Agora, certamente, como adivinhara "tio" Henrique, iria cair nas garras daquele desalmado. Algumas lágrimas de angústia chegaram a rolar dos seus olhos à simples aproximação, que ele já prenunciava, do novo capataz.

Diante dos trabalhadores, que silenciaram de vez, tomou Alberto a palavra.

Durante a noite, pensara muito nos perigos que representava a presença de Juvêncio na fazenda, e arquitetara um plano para delimitar-lhe a influência e a atividade e, quando falou, Juvêncio não sabia disso.

— Meus amigos — disse, cordial, como se o episódio não tivesse maior significação — contratei os serviços de Juvêncio que doravante será o capataz da fazenda. Darei as minhas ordens diárias a ele, que as transmitirá ao Romualdo, o qual será assim como um chefe das turmas de trabalho, e controlará os serviços nos diversos setores da nossa atividade nos campos. Hoje, ele tão-somente assistirá à nossa maneira de organizar o trabalho e passará o dia aqui na fazenda conhecendo os nossos problemas e cuidando de outros quefazeres.

Juvêncio ouviu a preleção de Alberto, com desagrado. Percebeu, desde logo, que iria ficar amarrado, sem campo de ação para os seu planos já que todo, ou quase todo, o controle voltava para as mãos de Romualdo, mas se manteve sereno, como se isso tivesse sido combinado com Alberto.

Na verdade, o jovem patrão decidiu, antes de entregar tudo nas mãos daquele homem, experimentá-lo, conhecê-lo melhor, principalmente no seu comportamento de logo mais à noite, quando deveria tomar o lugar de carrasco.

Romualdo exultou. Silenciosamente, agradeceu a Deus poder estar ainda à frente dos seus companheiros. Procurou os olhos de Alberto, que também o buscavam e trocaram um significativo olhar de agradecimento e entendimento.

Todos os negros se aliviaram com a notícia, pois isso era a segurança de que não teriam de trabalhar tendo atrás de si o corpulento capataz a bramir o chicote, como fazia nas terras do Barão.

Rapidamente, Alberto transmitiu suas ordens a Romualdo, tendo Juvêncio ao lado, e aquele organizou as turmas e dispensou os trabalhadores para as suas tarefas.

Mais alguns momentos, e no pátio permaneciam apenas Juvêncio e Alberto.

Quando se acharam a sós, Alberto mandou que, durante o dia, o capataz providenciasse o tronco e o fincasse ali, abstendo-se de mencionar o que deveria acontecer, à tardinha. Em seguida, rumou para seu gabinete, onde se trancou.

Juvêncio ficou por alguns instantes parado, sem saber por onde começar. Sentia-se frustrado, e a cólera lhe invadira o ser. Seus olhos chispavam, suas mãos tremiam. Afinal, subiu também até a casa grande, onde tinha deixado sua montaria a fim de, como primeira providência, desfazer as malas e se instalar em uma casa ao lado da principal, bem afastada, portanto, da colônia, e que Alberto já lhe havia indicado.

Depois que arrumou suas coisas, o capataz muniu-se de um machado e rumou para a mata próxima, distante uns 500 metros da colônia e à margem do ribeirão que por ali passava, banhando as terras da fazenda, e vindo das terras do Barão.

Entrou no mato e procurou, cuidadosamente, um tronco que se prestasse à finalidade. Era especialista nisso. Em breve, encontrou o que queria e, em poucas machadadas, pôs abaixo a árvore. Cortou-o no tamanho adequado e limpou-o com carinho. Feito isso, amarrou-lhe uma corda levando a outra ponta até a sela da montaria onde a prendeu, também.

Montou e arrastou o tronco, pachorrentamente, até o pátio da colônia. Ali, desamarrou o lenho e pregou, em uma de suas pontas, a mais fina e que seria a superior em relação à árvore, uma argola de ferro de mais ou menos 10 centímetros de diâmetro que trouxera, em sua mochila, da fazenda do Barão.

Àquela hora, na colônia, só restavam as crianças e algumas velhas mulheres que não iam mais ao trabalho, e "tio" Henrique que, da soleira de sua porta, lá na ponta do casario, observava todos os movimentos do capataz. Ele já sabia da finalidade daquela providência, e estava muito triste e apreensivo. Nunca imaginara que depois de tanto tempo de paz e felicidade naquela comunidade, viesse a ver, antes de entregar seu corpo cansado aos vermes, um pelourinho armado na fazenda. Imaginava o espetáculo, à noite, e estava desde já, orando para que o mal não se transformasse em catástrofe.

No plano espiritual, Sousa e Salvius também observavam o trabalho asqueroso do capataz e, embora quisesse dissimular, Sousa estava angustiado.

Aquilo era a frustração de todo o seu trabalho, a vergonha contra a qual lutara e o desmantelamento de uma comunidade que formara com tanto amor e que agora, do outro lado da vida, podia apreciar melhor.

Quem estava alegre, era somente Juvêncio. Manejava o enxadão com vigor, abrindo a cova onde deveria enterrar o tronco de cerca de 20 centímetros de diâmetro. Quando o pôs em pé, arrumou-o zelosamente de maneira que a argola ficasse voltada para a casa grande e o lado contrário para a colônia pois, amarrando a vítima com o ventre encostado no madeiro e os pulsos atados na argola do lado oposto, as costas do escravo ficariam voltadas para a colônia, dando ensejo para que todos pudessem ver, com mais clareza, os estragos causados pelo seu trabalho carrasco.

o

— Eu não me conformo com isso — disse Sousa ao amigo espiritual que o acompanhava. É um absurdo sem limites! Meu Deus do céu, que irá acontecer daqui para diante? Quanta gente ocupará essa posição infamante, sendo surrado como nunca vi surrar um animal?

— Calma, Sousa — atalhou Salvius, vendo que o amigo se exaltava —, confiemos; a Justiça Divina não é uma força cega, armando ciladas para vítimas inocentes. Tudo no Universo obedece a leis precisas e imutáveis, e não seria o destino dos homens, as criaturas superiores da Terra, que estaria à mercê das forças do acaso. Tudo vem e vai, na vida, a seu tempo. Aprendamos, meu amigo, a aceitar as coisas como contingências necessárias, mesmo quando não pudermos entendê-las, confiantes de que o Condutor Celeste não está distante delas.

— Mas, Salvius! — exclamou Sousa — você não vai querer me convencer de que isto está sendo feito graças à misericórdia de Deus! Isso é maldade dos homens, e nada pode ter com a bondade do Criador!

— E quem somos nós para querermos entender em sua plenitude o que seja a misericórdia e a bondade de Deus! Você está pensando por padrões humanos, tendo em vista a dor e a humilhação que sobrevirão certamente. Mas o que é a dor, o que é a humilhação para o Espírito? Lembremo-nos do sermão da montanha, quando Jesus assegurou que os humilhados serão exaltados, e os que padecerem por causa da justiça dos homens serão aliviados. Aguardemos, meu amigo, com paciência, o desenrolar dos acontecimentos, sem asilarmos em nosso coração, conclusões angustiantes e, muitas vezes, indevidas – respondeu Salvius, com brandura, passando a mão generosa pela cabeça de Sousa, num gesto paternal de carinho, e encerrando o diálogo.

o

Juvêncio havia terminado seu trabalho. Recolheu as ferramentas, e rumou para sua casa, a fim de higienizar-se. As mulheres que acompanhavam por olhares furtivos, através das frestas das janelas, o trabalho do capataz, haviam prendido as crianças em casa e não ousaram, também, por sua vez, sair para o pátio.

Estavam angustiadas, querendo adivinhar o por quê daquela providência estranha como primeiro trabalho do capataz, e que o fez pessoalmente, sem incumbir a ninguém, tendo tantos braços à sua disposição. Algumas choravam de medo. Todos oravam para sustentar o ânimo diante da ameaça que se erguia à frente, num simples madeiro fincado no chão.

O dia transcorreu silencioso, sem que Alberto saísse de seu gabinete, e sem que ninguém transitasse pela colônia, a não ser Salvius e Sousa, que permaneceram longas horas por ali.

Quando estava chegando o entardecer, a menos de uma hora da chegada costumeira dos trabalhadores, Alberto chamou Juvêncio ao seu escritório, a fim de fazer-lhe recomendações acerca do temível episódio que deveria acontecer.

— Juvêncio — disse em tom grave —, não vou comparecer lá no pátio para presenciar o espetáculo que me contraria profundamente. Você reunirá o pessoal e explicará que o Barão Macedo acusou Juvenal de ter incitado a sua escrava Ismália a fugir e, como reparação, para evitar maiores desentendimentos, ficou decidido que Juvenal seria castigado pelo seu crime e que os patrões faziam isso muito a contragosto, porquanto sempre esperaram nunca usarem esse processo de punição.

— Está bem, patrão — respondeu Juvêncio, prontamente, com ar de submissão — pode deixar que eu explico direitinho.

— Outra coisa, Juvêncio — atalhou Alberto —, você baterá de leve para não ferir o Juvenal, a quem muito estimamos. Por favor, não faça muito mal ao rapaz. Será mais uma punição simbólica que propriamente um castigo, entende?

— Pode deixar, patrão respondeu o capataz cinicamente — eu não farei muito mal ao rapaz. Baterei devagar, mais para impressionar. Eu sei bramir o chicote de maneira que ele faça mais barulho que estrago. Muitas vezes fiz isso com os escravos, meus protegidos, do Barão Macedo.

— Ótimo — respondeu Alberto —, assim será melhor e não teremos consequências muito sérias. Agora vá e, depois que chegarem todos os trabalhadores, reúna-os e faça o seu trabalho.

Juvêncio retirou-se fazendo um enorme esforço para não rir da ingenuidade do rapaz, certo que estava de que faria justamente ao contrário do que lhe fora recomendado e, como o patrão não iria presenciar o ato e nunca presenciou nenhum outro, não teria como acusá-lo de excesso.

o

Em sua casa, o Barão Macedo estava inquieto, nervoso, contando os minutos passarem, na expectativa de que chegasse rapidamente o entardecer e com ele pudesse colher os primeiros frutos da sua vingança.

Durante todo o dia, D. Margarida, sua esposa, o percebera expectante e irritado. Olhava as horas a cada instante, andava pela casa sem sossego. Não tinha conhecimento de problemas que motivassem aquele comportamento e, em razão disso, a sua preocupação era justa. Ela desconhecia a trama urdida pelo Barão e a marcha dos acontecimentos. Estava ansiosa por conversar com o marido e descobrir a raiz da sua inquietação, a fim de ajudá-lo.

D. Margarida era companheira fiel. Aceitara sempre as decisões do marido, nunca interferindo nelas. Tomava seu lugar de dona de casa e, conquanto muitas vezes as providências do Barão chocassem com seus princípios, calava qualquer crítica a fim de resguardar a harmonia do lar. Casados há muito tempo, não pudera ser mãe sentindo-se por isso culpada pelos excessos do companheiro, de vez que ele não tivera filhos com os quais pudesse exercitar a sua capacidade de amar e de compreender. Viviam praticamente na solidão, egoisticamente voltados um para o outro, a fim de se sustentarem mutuamente.

Mas D. Margarida não era uma mulher má. Tivera uma formação cristã e, pode-se afirmar, nunca se voltara a favor dos escravos porque desde menina se acostumara com os castigos que se lhes impunham como uma coisa natural, pacificamente aceita pela lei, pela sociedade e pela religião.

Acostumara-se ao temperamento violento do marido e quando, sem lhe ferir a dignidade, podia fazê-lo, influenciava-o para abrandar os efeitos das suas explosões. Tinha o cuidado, contudo, de não pôr em risco a harmonia entre ambos. Amava-o muito e procurava compreendê-lo.

Foi, portanto, com a idéia de confortá-lo que D. Margarida aguardou, pacientemente, a oportunidade de falar-lhe.

Quando tomavam o chá da tarde, sozinhos, os dois, sentiu-se encorajada para entabular a conversação delicadamente.

— Vejo-o um tanto inquieto hoje, Macedo disse ela compreensivamente. Sobreveio na fazenda algum problema grave que eu desconheça?

— Não, Margarida, aqui está tudo em ordem — respondeu-lhe o marido. Mas devo confessar-lhe que estou na expectativa de ver se realizar na fazenda dos Sousas, uma providência que aguardo há muito tempo e que vai colocar as coisas em seus lugares para sossego de todos os fazendeiros seus vizinhos.

— E o que de extraordinário vai acontecer com os Sousas? — perguntou D. Margarida mansamente, conquanto desde logo pudesse imaginar que se tratava de assunto ligado aos seus cativos.

— É que hoje à noite vai ser castigado um escravo da fazenda — respondeu o Barão.

— É inacreditável! E o que teria feito de tão grave esse escravo para quebrar uma linha de conduta que os Sousas sempre mantiveram, embora o prejuízo social que lhes ocasionasse? — perguntou a senhora.

O Barão não respondeu de pronto. Deixou a pergunta no ar por alguns instantes, meditando indeciso na resposta.

— Bem, Margarida — disse, afinal —, antes que você venha a saber amanhã por outras vias, julgando que não confiei em você, vou contar-lhe. Como você sabe, os fazendeiros da região têm muitos problemas com os seus cativos, que são todos rebeldes e indolentes, em razão do exemplo dos Sousas que sempre teimaram em tratar os seus escravos como igual. Nunca ninguém conseguiu demover aquele cabeça dura do Coronel Sousa dessa liberalidade prejudicial ao pessoal da redondeza. Como você não deve ter se esquecido, procuramos até a interferência das autoridades, mas alegando que os escravos do Coronel eram sua propriedade e este lhes podia dispensar o tratamento que lhe conviesse, eximiram-se de interferir no problema, restando-nos apenas aceitar essa situação, ainda que com profundo desagrado. Sabe, eu acho que o nosso direito termina onde começa o direito alheio e se aquilo que eu faço cria problemas para os outros, eu avancei nos meus direitos. Isso seria a justiça. Ora, se o comportamento dos Sousas cria problemas para nós, a lei deveria não tolerá-lo. Por isso, nunca me conformei. Escravo, afinal, é escravo. Se são propriedade e se a lei os considera sem direito algum, como coisas que são, não vejo porque alguém, talvez para aparecer, teime em lhe atribuir os mesmos direitos que gozam os brancos. Isso é um contra-senso que deveria ser proibido porque modifica o espírito da lei. Há 25 anos, carrego essa mágoa dentro de mim e não posso deixar de atribuir os grandes problemas que sempre tivemos com os nossos escravos senão ao mau exemplo dos Sousas.

D. Margarida acompanhava atentamente o raciocínio do esposo, temerosa de que a qualidade do assunto lhe aumentasse a inquietação levando-o às suas costumeiras explosões. Procurou não interrompê-lo e quando o Barão silenciou por alguns instantes, continuou calada, aguardando que ele, se quisesse, retomasse o assunto.

O Barão Macedo, na pequena pausa que fez, procurava como explicar, ou melhor, justificar à esposa o plano que colocou em ação.

— Sabe, Margarida — continuou —, às vezes nós somos obrigados a lançar mão de recursos não muito agradáveis a fim de restabelecer as coisas que estão erradas e que não podem ser consertadas de outro modo. Afinal, surgiu uma oportunidade de levar os Sousas a modificarem o seu tratamento com os cativos. Um negro da sua senzala enamorou-se de uma nossa escrava, e Alberto procurou-me a fim de comprá-la para presentear o escravo. Achei que ele foi longe demais, e aproveitei para forjar uma pequena mentira dizendo-lhe que seu escravo incitou a nossa escrava a fugir e exigi que o castigasse. O moço aceitou a minha imposição, achando-a sensata, mas seu capataz se recusou a aplicar o castigo. Evidentemente, para ajudá-lo a resolver o problema, simulei a dispensa de Juvêncio que conseguiu com o Dr. Alberto a sua contratação como capataz, e hoje vai aplicar o castigo no negro. Por isso, me vê assim inquieto. Nem acredito que vou conseguir isso, o que virá igualar o tratamento com o de todas as fazendas, e quebrar esse tabu que se criou e que causa tantos problemas na região. Digo mais, todos os fazendeiros que conhecem essa situação, mesmo de outros Estados, não se conformam com isso. Não me censure, nem se preocupe, mas minha inquietação representa a expectativa de ver se realizar essa minha frustração de um quarto de século.

  D. Margarida ouvia calada a informação do companheiro. Enquanto o Barão falava, lembrou seu tempo de moça, as suas ilusões, a beleza daqueles dias ardentes de fantasia, o calor do amor correspondido, os sonhos de jovens, e se apiedou do casal. Pela primeira vez, considerou que eles deviam sentir a mesma coisa, pois, certamente, deveriam ter sentimentos. Imaginou-se nessa situação trágica e se enterneceu. Lembrou quantas vezes invejara aquelas negras desprezadas, a quem Deus concedera a bênção da maternidade, quando as via felizes carregando nos braços os seus filhos como tesouros incomparáveis e com uma alegria nos olhos· que irradiava a maior felicidade do mundo, embora a sua situação aviltante, conquanto ela, senhora de todas, não tivesse tido essa ventura. Não estariam certos os Sousas? Se Deus lhes concedia mais do que a ela, por que negar aos escravos os direitos de gente? Mas D. Margarida nunca diria isso ao companheiro, embora, desde aquele instante estivesse tocada pelo problema. Distraiu-se e não percebeu que o Barão tinha parado de falar, e a olhava na expectativa que o aprovasse nas providências que tomara.

— Que houve, Margarida? — perguntou o Barão receoso — você não aprova a minha atitude?

— Não, Macedo, o que você me diz tem a sua lógica — disse recompondo-se. — Apenas, divaguei um pouco.

— Ah! bem, assim me sinto mais confortado, porque, afinal, embora isso seja um tanto desagradável para os Sousas, virá reparar uma injustiça — finalizou, levantando-se da mesa.

o

O Sol já se debruçava no poente lançando seus últimos raios sobre a Terra, quando as primeiras turmas de trabalhadores, as que serviam mais próximo da sede da fazenda, voltavam da sua faina diária.

Quando os negros se dirigiam às suas casas, através do longo pátio, depararam, fincado no chão de tantas alegrias, com o tronco ameaçador. Um a um, todos se acercaram dele, aflitos e temerosos e, em breve, uma multidão de negros espantados com a surpresa dolorosa, murmurava angustiosamente, procurando desvendar o por quê daquela providência. Estavam pasmados os pobres negros que sempre foram invejados pela felicidade da ausência daquele poste de suplício. Num átimo, os líderes das turmas se reuniam decidindo consultar o "tio" Henrique sobre o que estava se passando.

Como sempre, o preto velho estava sentado à porta tirando baforadas do seu cachimbo, agora em companhia de Romualdo que, desde logo, o procurara.

— "Tio" Henrique — disse um deles dramatizando —, por que esse pelourinho? O que está havendo por aqui? Será que aquele assassino do Juvêncio já conseguiu modificar os patrões e vai fazer com a gente o mesmo que fazia na fazenda do Barão?

O velho ouviu, sem se perturbar, o interrogatório angustioso do irmão de cor. Lançou o olhar ao longo do pátio detendo-se no tronco verde e descascado que representava um símbolo de dor e de iniquidade.

— Meus filhos — disse afinal —, é preciso muita calma e muita coragem. Coisas tristes vão acontecer. Uma tempestade vai desabar sobre nós, mas é preciso não esquecer que Deus sabe o que faz. Não vamos permitir que a revolta submeta os nossos corações, porque isso mesmo é o que querem os nossos inimigos. Se nós soubermos resistir com humildade, talvez amanhã aquele poste não esteja mais lá, mas se nos revoltarmos, é quase certo que ele ficará ali para sempre, a pretexto de nos corrigir. Não nos esqueçamos que milhares desses troncos existem neste País e no mundo, e que muitos irmãos nossos morrem neles, principalmente porque não querem se submeter à Vontade Divina e deixam-se revoltar. Alguém hoje vai ser surrado e surrado injustamente, todavia, nada podemos fazer,e se quisermos vencer aquele poste maldito, temos que receber com humildade e resignação a prova desta hora. Voltem depressa para junto dos seus companheiros, e digam isto que estou lhes dizendo para que não venha a acontecer o pior.

Os pobres homens quedaram-se estarrecidos pela revelação e, como confiassem cegamente no velho, deram nos calcanhares à procura dos companheiros, no meio da multidão inquieta, a fim de esclarecê-los.

Só Romualdo permaneceu junto de "tio" Henrique. Tinha os olhos molhados pela angústia. Apertava entre as mãos nervosas o seu chapéu de palha. Estava transtornado. Temia por Juvenal nas maos do capataz assassino e tão temido e se arrependia de ter negado o braço de amigo.

— Ah "tio" Henrique! – disse Romualdo – não sei se vou suportar esse drama! Gostaria de tomar o lugar de Juvenal, pois só assim poderia corrigir o meu erro.

— Deixe disso, meu filho – disse o preto velho, paternalmente – não se mortifique. Deus sabe o que faz e quem sabe se isso não devia se suceder assim mesmo? Existem forças na vida que estão fora da nossa compreensão e, ignorantes que somos, resta-nos aceitá-las com serenidade, conscientes de que cada um de nós procura fazer o melhor. O seu coração lhe indicou um caminho e, por isso, a sua consciência não deve deixar se queimar pelas brasas do remorso. Você quis o melhor, todavia, o homem põe e Deus dispõe. Aceitemos a vontade de Deus, para que não se desperte e floresça a ira dos homens. Eu sei que estou aqui humilhado porque humilhei e aceito a alternativa de que quem é atrelado ao poste, um dia também surrou alguém. Talvez você não entenda o que lhe estou dizendo, mas, confie em mim e siga para junto dos nossos a fim de ajudá-los na provação.

Romualdo enxugou os olhos e cruzou o pátio, misturando-se com os companheiros.

Nesse comenos, Juvêncio já atravessava os terreiros de café em demanda à colônia. Portava na mão direita, enrodilhado, o chicote de que se servia no trabalho cruel, e na esquerda uma corda feita de embiras de couro cru, que se prestaria para amarrar o negro ao tronco. Ia bem devagar, para que se prolongasse a visão da sua aproximação, e os negros mais se angustiassem. Procurava aparentar serenidade, conquanto o coração lhe batesse sofregamente pela emoção daquele instante em que a alegria do ódio, paradoxalmente, pode ter o mesmo sabor da felicidade do amor. Suas botas pesadas batiam, calma e compassadamente, no chão de tijolos nus dos grandes terreiros de café.

Desde que assomou ao patamar superior e foi identificado pelos cativos, estes silenciaram na expectativa do que estava por suceder, inibidos pelo medo terrível que lhes invadia. Para eles, as pisadas firmes de Juvêncio reboavam como trovões distantes que antecedem as tempestades; a sua cadência, o ritmo das passadas eram como as das engrenagens de um relógio sinistro, que não pode parar, e que marcava um tempo: o tempo de sofrer.

Poucos minutos durou a excursão de Juvêncio pelos terreiros vazios da fazenda, no entanto, para aquela pobre gente, essa ínfima fração de tempo tinha o sabor de uma eternidade de angústia e desesperação.

Afinal, Juvêncio alcançou o último patamar defronte ao pátio, onde estacou. Chamou Romualdo e pediu que reunisse todos os cativos, com exceção das crianças e mulheres doentes. Romualdo subiu ao muro de encosto ao aterro, junto ao capataz e, erguendo a voz para que pudesse ser ouvido em toda a extensão do casario, convocou a todos para que saíssem de suas casas.

A casa de Juvenal era quase defronte ao tronco. Quando vira o pelourinho erguido, temeu por Maria sua irmã, com quem morava e que estava em adiantado estado de gravidez e, por esse motivo, estava dispensada do trabalho. Imaginou, desde logo, a sua angústia por aquela presença horrível, logo à frente de sua casa. O mesmo temor ocorrera em Antônio, seu cunhado e esposo de Maria. Naquele instante, os dois homens rodeavam a gestante que, de fato, estava muito agitada, pois, presenciando furtivamente, durante todo o dia, o trabalho de Juvêncio, inquietou-se profundamente, temendo pela vida dos seus entes amados, a qualquer momento que caíssem em desgraça com aquele homem mau. Maria era muito jovem, menos de dois anos a mais da idade de Juvenal, e aquele seria o seu primeiro filho. Eram justas as preocupações dos dois homens, já que como parturiente ela era uma incógnita.

Juvenal, Maria e Antônio eram três criaturas de uma afinidade indescritível, unidos por um amor recíproco que dava àquele lar uma unidade indissolúvel. A vida era-lhes um paraíso e as horas de lazer uma permuta incessante de alegrias que lhes alimentava o espírito.

O esposo e o irmão lhe recomendavam que permanecesse deitada e procurasse se acalmar, e lhe garantiam que ficariam junto à porta em condições de ouvir o seu chamado se precisasse.

Maria sorriu e, tomando a mão do esposo e do irmão nas suas, apertou-as fortemente para serená-los.

Juvenal e Antônio saíram para o pátio regurgitante de gente.

Juvêncio esperou alguns minutos, após o chamamento de Romualdo, acompanhando com os olhos a saída dos homens de suas casas e, quando Juvenal saiu com o cunhado e ambos se acomodaram, tomou a palavra:

– Juvenal, venha até aqui – disse calma e pausadamente.

Enquanto Juvenal, surpreso pelo chamado, se dirigia para onde o capataz estava, este desceu da mureta e esperou-o junto ao poste.

A chegada do rapaz, lhe ordenou: – Tire a camisa, rapaz.

O moço recuou um passo, espantado pela ordem que o identificava, sem dúvida, como aquele que deveria ser submetido ao castigo.

– Mas, "seu" Juvêncio – disse Juvenal emocionado pela surpresa e pelo medo –, que está acontecendo?! Eu não fiz nada que possa justificar um castigo!

– Por favor, meu rapaz, não discuta – disse o capataz, querendo imprimir um tom paternal na voz – faça o que lhe digo e nada tema.

Juvenal olhou os companheiros ao derredor. Com os olhos úmidos e esbugalhados como se lhes procurasse apoio ou alguma explicação para o episódio. Todos olhavam para o chão, não tinham coragem de enfrentar-lhe o olhar angustiado. Num instante, Juvenal lembrou as instruções de "tio" Henrique, que lhe tinham sido transmitidas há pouco por seu chefe de turma e procurou calar-se. Desabotoou a camisa de algodão e movendo os braços musculosos desvestiu-a.

Juvêncio tomou sua mão direita, e puxou-o mansamente junto ao tronco, onde fez encostar-se e, tomando a mão esquerda pelo outro lado do lenho, juntou as duas na argola de ferro onde as amarrou, num relance e com mestria, apertando forte a embira de couro cru.

O rapaz entregou-se à operação sem uma palavra, embora tremesse inteiro e o suor, provocado pelo medo, já lhe aflorasse na pele escura das costas largas e musculosas umedecendo-a e fazendo-a brilhar aos reflexos do luar que se derramava sobre a fazenda.

A multidão acompanhou a cena aterradora com interrogações a queimar-lhe a cabeça como brasas e com a angústia a apertar-lhe o coração, qual impiedosa torquês.

Não se ouvia um ruído no ambiente. Os que choravam, represavam os soluços na garganta para não aumentarem o sofrimento de Juvenal, revelando-lhe o desespero de que já estavam possuídos; mas todos os olhos deixavam rolar lágrimas quentes, e todos os corações oravam oprimidos pela desgraça do momento.

Tendo atado Juvenal ao poste, Juvêncio pediu que abrissem ao redor dele um espaço de mais ou menos 15 metros, naturalmente para manobrar o seu chicote com desenvoltura e para pôr-se a salvo de uma possível revolta.

Quando a multidão se afastou, o capataz tomou a palavra:

— Este moço está amarrado ao poste e vai receber 30 chibatadas — disse procurando aparentar calma — porque instigou uma escrava do Barão Macedo, chamada Ismália, a fugir com ele. O Barão matou a escrava e exigiu do patrão que castigasse o culpado sob pena de represália. O que vai acontecer é contra a vontade dos patrões, mas para evitar males maiores para todos, porque vocês conhecem o Barão Macedo e sabem que ele é mau e capaz de tudo. Mas não se impressionem, pois serei benigno, e não farei muito mal ao rapaz – arrematou, cinicamente.

As palavras do capataz feriam os ouvidos de Juvenal, como dardos embebidos em ácido corrosivo. Uma revolta terrível se apossou dele quando ouviu a acusação e, diante da revelação da morte da sua bem-amada, quis gritar, mas a voz não lhe saiu da garganta e as lágrimas lhe alagavam a face escura, saindo-lhe apenas soluços, transmitindo tanto desespero aos expectadores que algumas mulheres desmaiaram, incapazes de controlar as emoções fortes de que se viram possuídas.

Para Juvenal nada mais importava agora. Sentiu como se um jato de brandura o alcançasse e se aquietou inexplicavelmente. Na verdade, desde logo, preferiu morrer ali, pois iria ao encontro de Ismália, no mundo feliz de que "tio" Henrique sempre lhe falava. Absorveu-se tanto por essa expectativa, que nem se lembrou da irmã enferma, na casa ao lado.

– Ninguém se mova, durante o castigo – avisou Juvêncio – Qualquer movimento que fizerem, eu tomarei como revolta e me defenderei prontamente, atacando o desavisado. Cooperem para que nada de pior aconteça! Estou apenas cumprindo ordens.

Lentamente, em seguida, o capataz tomou distância do poste. Soltou as voltas do chicote e, num gesto rápido, fê-lo estender-se às suas costas, à direita, para tomar impulso. Apertou a mão firmemente no cabo endurecido para garantir uma pega eficiente e assim ficou por alguns instantes, fruindo a expectativa da multidão que olhava desesperada o temível instrumento, disposto no chão como uma serpente ameaçadora.

De repente, a arma ergueu-se num sibilo, cortou os ares e alcançou, num golpe terrível, as costas nuas de Juvenal.

Um grito lancinante escapou da garganta do jovem e reboou bem longe, transmitindo tanta dor e tanta angústia, que todos os que presenciavam o espetáculo pareciam sentir com ele o suplício do golpe impiedoso.

O chicote abrira um sulco nas espáduas do negro e ao longo da extensa ferida, desde logo, aflorou o sangue que rolou pelas costas, brilhando à luz da lua cheia e tingindo-lhe a calça de algodão.

Muitos não resistiram àquele clamor que parecia condensar todas as angústias e as dores do mundo, e desmaiaram.

Só Juvêncio estava alegre. Pusera toda a sua força no golpe e o aplicara com mestria. O chicote estava à sua frente, ziguezagueante no chão, já embebido de sangue. Não tinha pressa; iria esperar alguns minutos para o segundo golpe, a fim de que a multidão sofresse mais.

o

Na casa grande, Alberto e D. Maria Cristina, na sala de estar, expectantes e tristes, aguardavam o desfecho do drama. Não se falavam, e o silêncio mais aumentava a angústia dos dois. Estavam arrasados, como dois réus diante do tribunal da própria consciência e, agora, não muito seguros de que tinham agido acertadamente para a melhor solução do problema.

Quando o grito lancinante de Juvenal ecoou na sala, D. Maria Cristina ergueu-se desesperada, com a mão no peito, olhos desmesuradamente abertos e faces lívidas, e assim parou por alguns instantes, para, depois, deixar-se cair na poltrona em pranto convulsivo.

Alberto, ao som dolorido que parecia o último gemido de uma ovelha ao golpe do cutelo, e que estava impregnado de imensa dor que lhe esmagava o coração, levou ambas as mãos abertas aos ouvidos, e curvou a cabeça até os joelhos, num gesto de desespero.

— Ah! mamãe, que coisa horrível! — exclamou. Não sei se vou aguentar outro lamento desse! Tive a impressão de ouvir o som do chicote! Aquele grosseirão não está cumprindo minhas ordens! Oh! meu Deus, socorre-nos!...

E o moço chorou copiosamente, enquanto sua mãe, mergulhada em pranto, nem lhe ouvia as exclamações, presa do desespero que a tomou inteiramente.

o

Na casa de Juvenal, Maria ouvira quando o capataz chamou o irmão e ouvira também o diálogo entre ambos e as explicações e recomendações de Juvêncio. Um calor enorme invadiu-a dos pés à cabeça, e a paralisou na cama; pensou em gritar, mas, num segundo, obtemperou que isso poderia aumentar o sofrimento do irmão. Deixou-se ficar assim, inerte no leito, com os grandes olhos arregalados a olharem o teto escurecido pela fuligem que o invadia na casa sem forro. Sua angústia ia num crescendo. Seu coração galopava no peito, descompassadamente. O suor lhe molhava o corpo. Começou a sentir fortes dores no ventre, e temeu também pelo seu filho. Seu pensamento estava confuso, sua mente ardia como fogo. Não podia entender a tragédia lá de fora, e temia outra tragédia dentro de si mesma. Agitou-se na cama, em consequência das dores que aumentavam.

De repente, o grito de dor do irmão feriu seus ouvidos, com toda a sua vibração e força, porque estava ali bem pertinho, e a moça não pôde conter outro grito angustiante que lhe escapou da garganta, não com a mesma intensidade, porque estava quase que paralisada, grito que morreu em breve, porque um delíquio a tomou.

o

No outro plano da vida, Salvius e Sousa acompanharam todos os movimentos, desde o instante em que os trabalhadores se reuniram.

Sousa estava indignado e tremia, também de medo, como os demais circundantes do plano físico.

Salvius o espreitava atentamente, calmo e silencioso. Deixava o companheiro à vontade com suas emoções.

De quando em quando, Sousa olhava o mentor, procurando seus olhos confortadores e serenos para fortalecer-se e, de volta, sem que o soubesse, Salvius irradiava-lhe energias espirituais para que pudesse suportar a cena com relativo equilíbrio. Mas sua angústia era grande, e o companheiro não lhe podia vencer de todo a refratariedade, embora o mantivesse sob algum controle.

Na verdade, as emoções de Sousa eram justas e esperadas, e a sua permanência naquela hora dolorosa tinha um significado que Sousa, recém-libertado dos laços físicos, não podia avaliar, e em virtude dessa mesma condição, estava sujeito à influência daquelas vibrações pesadas que saturavam o ambiente.

Quando o chicote se ergueu, o golpe impiedoso rasgou as carnes de Juvenal, e este gritou estentoricamente, Sousa tapou os ouvidos e se atirou ao chão, em pranto.

— Ah! meu Deus! — exclamou — por que está acontecendo isto? Por que esse rapaz inocente tem que ser tão humilhado e castigado? Ajude-me Senhor, a raciocinar!

Salvius, amorosamente, tocou com as mãos os ombros de Sousa, e o ergueu do chão, trazendo-o junto ao peito.

— Calma, caro amigo, — disse paternalmente — não interrogue Deus por sua ignorância. Deus é amor e justiça e isso deve bastar para a sua conformação. Você virá a saber, muito breve, que tudo está certo, e nós não podemos avaliar as manifestações da Sua Lei enquanto não aprendermos a decifrá-la.

Salvius falava apertando-o junto ao peito, enquanto Sousa chorava inconformado.

— Você quer voltar? — perguntou o mentor, carinhosamente, desprendendo-o de si, e buscando-lhe os olhos.

— Não — respondeu Sousa, procurando se recompor para garantir sua permanência —, eu não poderia me afastar daqui agora.

— Nesse caso, meu irmão, procure controlar-se para que não lhe advenha prejuízo ao espírito — disse Salvius, enlaçando-o com o braço pelas costas, até a cintura, como se procurasse socorrê-lo melhor.

o

A primeira chicotada, Juvenal sentiu, de fato, como se um ferro em brasa lhe rasgasse a carne. A pancada repercutiu-lhe dentro do peito, dando-lhe a impressão que o iria explodir. Sentia-se dominado por uma angústia inexcedível, quase desfalecido. Mas esforçou-se por se manter de pé. O suor porejava em todo o seu corpo e, nas costas, se misturava ao sangue que vertia da ferida extensa que a arma abrira.

Não ouvira o grito da irmã que se confundira com o de muitos da multidão, como um eco do seu. Na sua mente, estava apenas Ismália e nessa visão procurava haurir forças para suportar o castigo.

Juvêncio estava postado, impassível, no mesmo lugar, virando na mão o cabo do chicote para ajeitá-lo bem e não perder todo o vigor do novo golpe.

Quando sentiu que a turba estava saindo do caos do primeiro ato, bramiu de novo o chicote e a pancada nas costas do negro foi tão dura ou pior do que a primeira. Mestre que era no manejo do instrumento, quando este ia ferir a vítima, dava-lhe um toque de puxada para que funcionando como uma serra, tendo as voltas da trança por dentes, rasgasse a carne, como rasgou, logo abaixo do ferimento anterior, sobrevindo nova fonte por onde o sangue jorrou.

Juvenal não pôde conter o bramido de dor e de desespero que lhe saiu ainda na mesma intensidade do anterior. A pancada deu-lhe a impressão de um enorme bloco incandescente que lhe queimasse e comprimisse o tórax. Suas pernas fraquejaram, contudo, fez um esforço sobre-humano para não ceder, apertando fortemente os dois joelhos contra o poste. Tentou retesar os músculos do braço, todavia o esforço ativava-lhe a dor nas espáduas, onde as fibras musculares deviam ter se dilacerado no ferimento. Suava, copiosamente. Na sua mente, a imagem de Ismália era o lenitivo e a coragem para aquela hora de suplício.

A multidão recebeu a nova explosão de dor como uma carga superior de angústia, que excedia às suas forças. Alguns se ajoelharam para sublimar a sua prece e, como que obedecendo a um comando invisível, todos se ajoelharam em pranto.

Juvêncio se deliciava. Para ele aquelas demonstrações de dor eram como uma apoteose. Os negros de joelhos eram bem a imagem que ele queria de submissão e desvalia. Seus olhos corriam o cenário, embriagados. Sua mão apertava o cabo da arma com mais vigor. O negro, à sua frente, atado e indefeso, era o pomo onde se concentrava a sua volúpia de carrasco e matador.

Pela terceira vez, o chicote zurziu no espaço e descansou implacável, coincidindo o golpe sobre a ferida aberta na vez anterior. Desta vez, o grito de Juvenal não foi tão forte e nem tão longo. Foi mais um lamento de quem se sente quase desfalecer. Quebrara-lhe uma costela e a pancada que não encontrara tanta resistência ofendeu-lhe duramente o pulmão. Respirava com dificuldade, e fazendo um ruído angustiante.

Tinha imensa dificuldade em se manter de pé, e o conseguiu ainda porque comprimiu, fortemente, o corpo e os cotovelos contra o poste.

Juvêncio, que estava acostumado àquele trabalho, percebeu, de pronto, a queda de resistência do rapaz, e não aguardou muito para desferir-lhe a quarta chibatada, na qual pôs tanta força que precisou dar um passo para não cair.

Desta feita, Juvenal nem gritou. O que lhe saiu foi um urro gargarejado, denotando a presença de líquido na garganta. Foi o golpe fatal: a costela quebrada perfurou-lhe o pulmão, sobrevindo copiosa hemorragia. Suas pernas fraquejaram, seu corpo se elangueceu e dependurou-se inteiro nos pulsos amarrados fortemente na argola de ferro.

Estava agonizante e Juvêncio, se apercebendo disso, passou a surrá-lo sem tréguas, afoita e ritmicamente, numa cadência terrível; agora, sem qualquer resposta da vítima inerte. Batia num cadáver.

À medida que os golpes se sucediam, violentos e secos, sem qualquer reação de Juvenal, a multidão reagia como se cada um dos circundantes os estivesse recebendo, curvando o corpo a cada som do diapasão sinistro.

À luz da lua cheia que generosamente invadia o pátio com raios de suavidade, tinha-se a impressão de que, com aqueles movimentos de repercussão emotiva, os negros se moviam em uma dança macabra, em ritmo de soluços.

Juvêncio estava possesso. Bramia o chicote, desesperado, e quando deu o trigésimo golpe, estava exausto, ofegante, e com o braço dolorido pelo esforço gigantesco que realizava a cada pancada, descarregando a sua fúria e a sua volúpia assassina.

Com dificuldade, em razão do cansaço, disse aos negros que desamarrassem o rapaz e cuidassem dele. Sem esperar que a multidão saísse do pânico e inventasse de tomar uma represália, saltou na mureta, enrolando entre os dedos o chicote embebido de sangue, e correu.

Antônio correu para o poste, a fim de socorrer o cunhado, mas aproximando-se dele, recuou aterrorizado como se fosse enlouquecer. As costas do rapaz estavam em carne viva. Era uma imensa ferida, feita de cortes profundos, empastada de sangue.

A cabeça de Juvenal pendia para trás, e nos cantos da boca estavam marcas de sangue que descera pelo peito, em razão da hemorragia interna. Não teve coragem de tocar o amigo e cunhado. Estava de cabeça baixa, durante o castigo, e o que de Juvenal restou magoou-o profundamente.

Outros homens mais resolutos avançaram, e enquanto dois seguravam o corpo inerte, para não cair, outros cortaram as embiras de couro, livrando o pulso do rapaz. Nestas alturas, "tio" Henrique chegava ao pelourinho e constatou a morte do amigo, pedindo que o levassem para casa e o envolvessem num lençol.

Em lágrimas, o preto velho empertigou-se e, resoluto, tomou o rumo da casa grande.

Antônio deixou-se ficar por longos minutos, parado, como que petrificado. Quando os homens invadiram sua casa levando Juvenal e a multidão se comprimiu revoltada e desolada pela dor, empurrou-o no roldão e, assim, entrou ele na habitação. Ao sair do caos, lembrou-se de Maria e correu para o seu quarto. A esposa estava imóvel, sem qualquer movimento, respirando fracamente. Chorou e gritou desesperadamente por socorro.

Romualdo correu para atendê-lo e, mais sereno, procurou analisar a situação de Maria. Pediu a alguns dos presentes que sustentassem o companheiro desesperado, já tão duramente atingido. Abriu caminho entre o povo, e rumou também para a casa grande, a fim de rogar à D. Maria Cristina que socorresse Maria.

O quadro era terrível: um cenário de dor e de desespero.

o

Quando Juvêncio chegou à porta da casa grande, calmo e alegre, deixou em um canto, no meio de uma touceira de flores, o seu chicote ensanguentado, para que o patrão não se impressionasse, e para que não o encontrassem facilmente.

Anunciado, Alberto mandou que ele entrasse.

Na sala, estavam D. Maria Cristina e o filho. A nobre senhora, completamente largada na poltrona, sofria imensamente, e os soluços que lhe escapavam, e a mão delicada que, espalmada, se lhe comprimia no peito, refletiam toda a dor que lhe invadia a alma.

    Ouviram os dois gritos lancinantes de Juvenal, o seu lamento frágil e depois apenas o bater do chicote na carne indefesa, o qual ecoava na sala distante como um estalido sinistro.

    Mãe e filho haviam se olhado alguns minutos, num auge de desespero, e nos seus olhos aflitos trocaram desejos ardentes de que o silêncio do negro não fosse sinal de uma fatalidade.

    Esperavam ansiosos. Alberto estivera debruçado sobre sua escrivaninha, chorando e aguardando, em pânico, o desfecho.

    Quando Juvêncio entrou na sala, ele se recompôs e se ergueu, limpando os olhos, mas sem poder dissimular o próprio sofrimento.

    Ao ver o estado dos patrões, Juvêncio, aparentando tristeza e calma, foi logo dizendo:

    — Pronto, patrão, já cumpri as suas ordens e dei as 30 chibatadas no negro.

    Alberto fitou-o, duramente. Adquiriu uma energia e uma resolução que não tivera até aquele instante.

    — O senhor não cumpriu minhas ordens. Eu lhe mandei que não batesse com força e, no entanto, Juvenal não suportou senão três chicotadas. Eu ouvi os 30 golpes daqui, tal foi a violência do castigo que você lhe infligiu — disse Alberto colérico, mordendo os lábios, enquanto falava.

    O capataz estremeceu. O moço readquirira energias, e falava duro e sério.

— Ele deve ter tido algum problema de coração, patrão — disse Juvêncio manhosamente. Garanto-lhe que não bati com força, e seu desmaio foi mais de emoção.

Nesse instante, "tio" Henrique chegava. Depois de ver o amigo morto, terrivelmente castigado, resolvera correr o risco da própria vida, e tentar chamar o chefe à razão. Fora fiel servidor da família, conselheiro do pai e dos filhos, e o mentor de toda aquela pobre gente. Não podia furtar-se a tentar pôr fim àquela violência que se iniciara. Vencera a distância da casa orando, mas decidido a intervir em favor dos seus companheiros, sem medir as consequências.

Juvêncio continuava protestando a sua benignidade e procurando envolver o patrão com explicações melífluas. "Tio" Henrique não se conteve.

— Mentira, "doutor" Alberto — disse com firmeza — Esse carrasco bateu em Juvenal com todas as suas energias. Ao quarto golpe, o rapaz estava morto, e ele continuou batendo com fúria assassina. Vá ver a imensa chaga que deixou nas costas do rapaz, e poderá avaliar o castigo que lhe impôs. Esse homem é um assassino sanguinário — arrematou o preto velho, olhando Juvêncio nos olhos, num desafio ousado.

D. Maria Cristina ergueu-se lívida da poltrona, e Alberto enrubesceu de cólera, diante da notícia que o velho trazia.

Juvêncio mediu a reação dos patrões, e fez menção de avançar sobre "tio" Henrique.

— Cale a boca, bode velho — disse, explosivo — ninguém pediu a sua opinião, e saiba que escravos não têm direito de dar opiniões, e muito menos de invadir a casa dos seus senhores!

Alberto abriu a gaveta da escrivaninha, e sacou uma arma, apontando-a para o capataz.

— Pare aí, Juvêncio! — exclamou, resoluto — Se der um passo, mato-o. Junte os seus trastes e desapareça desta fazenda, seu cão assassino! E se voltar para o seu patrão Macedo, diga-lhe que não se meta mais com a vida dos Sousas e que, de hoje em diante, se ele tentar qualquer coisa, sofrerá as consequências, porque agora temos um motivo para enfrentá-lo. E suma-se depressa, antes que eu não me controle mais e não resista à tentativa de entregá-lo a esses infelizes para que se vinguem.

Juvêncio mordeu os lábios. A cólera atingia-lhe profundamente, no auge de sua explosão, mas a arma voltada para si, estava sustentada pela mão resoluta que ele não queria tentar.

A expectativa era tremenda. D. Maria Cristina, traumatizada pela cena, encontrava, no entanto, satisfação na atitude do filho. "Tio" Henrique olhava Alberto enternecido por vê-lo tomar a defesa de um escravo.

O clima de tensão foi quebrado pela entrada de Romualdo, ofegante pela corrida que empreendera, e que caiu de joelhos diante de D. Maria Cristina, rogando-lhe que socorresse Maria agonizante. A senhora, imediatamente, sem pensar em qualquer represália da multidão, dirigiu-se à colônia, deixando os três homens na sala.

— Romualdo — disse Alberto, grave —, tome esta arma e escolte esse assassino até que deixe a fazenda. Se fizer qualquer movimento em falso, mate-o.

Romualdo tomou a arma, trêmulo e saiu atrás de Juvêncio.

Ficaram na sala "tio" Henrique e Alberto. O moço estava envergonhado, incapaz de fitar o velho mas, este, generoso, achegou-se dele e disse, mansamente:

— Nós sabemos, meu filho, da sua generosidade, e que o drama que vivemos não foi urdido pela nossa vontade, mas pela vontade de Deus. Foram forças poderosas e incompreensíveis que se desencadearam além das nossas forças. Não se mortifique, meu rapaz. Tudo passará, e seremos novamente felizes. Juvenal será para nós a lembrança de que devemos vigiar os nossos corações. O seu sacriffcio solidificará os laços de bondade que envolvem a nossa comunidade.

Alberto ouviu o velho com reverência e, magnetizado pela sua bondade, atirou-se aos seus braços, chorando.

o

D. Maria Cristina desceu os terreiros de café correndo, e quando chegou à casa de Antônio, os negros iam abrindo caminho à sua passagem.

Pediu que todos deixassem o quarto e auscultou Maria cuidadosamente, constatando que lhe sobreviera uma hemorragia profusa e que se esvaíra em sangue. Chamou um homem, e deu ordens para que atrelasse a carruagem e fosse buscar o médico na cidade, passando pelo hotel, a fim de trazer Francisco. Em seguida, ordenou a duas mulheres que aquecessem água e trouxessem toalhas limpas para tentarem socorrer Maria.

Enquanto providenciavam suas ordens, lançou-se sobre a doente para os primeiros cuidados. Livrou-a das roupas, higienizou-lhe o leito, trocando as peças com cuidado e, à medida que virava Maria de um lado para outro, sentindo-lhe o desfalecimento, ia-se convencendo de que a pobre moça estava no limiar da morte.

Na sala ao lado, por onde passara apressadamente sem se deter para analisar o ambiente, estava Juvenal, colocado sobre uma mesa rústica, envolto em um lençol e coberto por uma colcha surrada, com os companheiros chorosos a rodeá-lo.

À porta do quarto, completamente aparvalhado, como se estivesse ausente de tudo, permanecia Antônio. O golpe fora duro demais, e a sua resistência emotiva se desmoronara. Alguns amigos tentavam consolá-lo, contudo, nem os notava, porquanto não fazia o mínimo gesto de reação.

Depois de socorrer Maria, acomodando-a no leito, D. Maria Cristina deteve-se para sentir sua respiração e debruçou-se com o ouvido sobre seu peito para ouvir-lhe as pancadas do coração. Horrorizada, mas procurando conter-se para não provocar pânico, constatou que a jovem estava morta.

Acomodou-a carinhosamente, passando as mãos delicadas sobre seu rosto e sobre o cabelo encarapinhado, sentada ao lado da cama, onde se deixou ficar, já sem lágrimas para chorar em virtude das fortes emoções daquela noite de terror.

## SENZALA

Quase duas horas transcorreram, até que o Dr. Fernando e Francisco entrassem na casa mergulhada em silêncio, dor e expectativa.

Rapidamente, o médico constatou que Maria estava morta. Percebendo a exaustão de D. Maria Cristina, tomou-a nos braços e sustentou-a de volta à casa grande, onde se preocupou em medicá-la, juntamente com Alberto, a quem fez recolher-se, com a ajuda de "tio" Henrique, ao leito, pois o moço ardia em febre.

Posto a par dos acontecimentos pelo cocheiro que o foi buscar na cidade, Francisco venceu o percurso angustiado, e chorando nos braços do Dr. Fernando. O médico, que era um entusiasta das inovações introduzidas pelo Coronel Sousa, e profundamente humano, podia avaliar a dor do rapaz e consolou-o o quanto pôde.

Ao entrar na casa, enquanto o Dr. Fernando foi para o quarto ver Maria, Francisco dirigiu-se para a mesa tosca onde estava o amigo desditoso. Debruçou-se sobre ele chorando e pedindo-lhe perdão pelo que tinha acontecido. Beijava-lhe as faces negras e sem vida, com desespero, o que sensibilizou os circunstantes e varreu a revolta dos corações que ainda a retinham.

E ali ficou o moço, a noite toda, colado, aos restos do amigo de infância feliz, como se lhe fora um irmão querido que partira para a Eternidade.

## VII

## COMPROMISSOS DO PASSADO

No plano espiritual, depois da primeira chicotada de Juvêncio, sustentado pelos braços e pela ternura de Salvius, Sousa deixou-se ficar sem olhar a cena do pelourinho. Ao quarto golpe, quando Juvenal urrou nos estertores da morte, Salvius estreitou Sousa nos braços, e lhe disse:

— Pronto, Sousa, tudo se consumou. Juvenal morreu e agora o carrasco surrará um cadáver. Embora você não possa ver, dada a elevada hierarquia deles, Espíritos amigos estão sustentando o rapaz para livrá-lo dos laços físicos, e dentro de alguns minutos sustentarão Maria, sua irmã, juntamente com o filho que traz no ventre. Vamos, meu amigo, descansar à beira do rio, e lá conversaremos sobre o assunto – arrematou arrastando-o mansamente até o rio e descansando-o sobre a grama onde as mulheres costumavam distender as roupas lavadas para a secagem.

Ficaram calados mais alguns minutos, até que chegasse a termo o castigo e cessasse o desespero e o tumulto da multidão que livrou Juvenal do poste e o conduziu para casa.

Foi Sousa quem quebrou o silêncio:

– Perdoa-me, caro amigo, mas estou profundamente chocado. Não posso entender o mecanismo da Justiça Divina, diante dessa iniquidade a que assistimos. O meu raciocínio não funciona, a minha mente parece em chamas!

Salvius acompanhou o desabafo do amigo sem se perturbar, olhando-o, paternalmente. Deixou que alguns instantes transcorressem para que Sousa pudesse aquietar-se das suas indagações. Passou-lhe as mãos pelos cabelos, como se quisesse aplacar-lhe a inquietação mental, e retomou a palavra:

– Sousa, meu irmão, nós sabemos que sem o Sol a vida feneceria e abençoamos a sua presença vivificante no Universo, sem no entanto conhecer-lhe a intimidade e devassar-lhe os segredos. Sabemos, também, como sabem os próprios selvagens, que existe um Ente Superior que tudo criou e a tudo provê, que como um Incomparável Maestro rege a harmonia da vida Unversal, sem contudo tê-lo visto, imaginando-o de mil formas. São certezas que não discutimos e que nos sustentam o ânimo, embora não possamos entendê-las na plenitude. Enquanto somos ignorantes, essa força interior deverá animar o nosso raciocínio; à medida que evoluímos, vamos entendendo-a, substituindo o nosso impulso místico pelo conhecimento das causas e dos fenômenos. As cenas que presenciamos e que os nossos irmãos suportaram porque confiam em Deus, têm uma explicação lógica e natural, cujas raízes estão em uma causa anterior. O homem por si mesmo tece o próprio futuro, preparando os próprios caminhos. O conteúdo do amanhã é a evolução constante. Para alguns, mais felizes e disciplinados, expressa-se em aprimoramento, pois nada devendo à Lei, têm no tempo a oportunidade do aperfeiçoamento espiritual; para outros, porém, que devem à Lei, o amanhã é contingência de regeneração. O equilíbrio leva à perfeição, o desequilíbrio obriga a reparação, a qual funciona para o reajuste e retomada ascensional. As cenas de hoje continuam uma história do passado. Há alguns séculos, os que sucumbiram agora na pessoa de Juvenal e Ismália sacrificados pelo ódio, eram um casal de nobres desalmados, senhores de muitas terras e detentores de grande poder temporal. Ambos rivalizavam em egoísmo e ferocidade. Eram temidos e deixaram atrás de si um rio de sangue e de prantos. No grande castelo do senhor feudal, existiam masmorras fétidas, onde apodreciam os seus inimigos e os amigos que caíam em desgraça; os mais requintados aparelhos de suplício, eram usados intensamente. É uma história longa e triste, na qual todos nós figuramos colocados em papéis diversos. Todavia, vamos ser objetivos e feri-la tão-somente no que interessa à explicação do drama a que assistimos e que pode evoluir para outros acontecimentos, porque quando as forças cegas do ódio e da vingança se desencadeiam, são como as bolotas de neve que se precipitam do alto da montanha podendo provocar, no seu trajeto, um rastro de consequências catastróficas. Era vizinho do poderoso casal que chamaremos, para melhor compreensão, de Juvenal e Ismália, um nobre, que sem ter virtudes peregrinas também não era mau, a quem chamaremos de Barão Macedo. Vivia o Barão com sua esposa e filhos no trabalho, e progrediam. Sua propriedade era bem cuidada e, dada as suas ações de generosidade, era relativamente benquisto. Juvenal, insaciável e orgulhoso, o invejava e não via com bons olhos sua influência sobre o povo, temendo-a politicamente. Não tinha como alcançá-lo. Dentre os seus fiéis servidores, havia um que chamaremos de Juvêncio, o qual tinha uma filha linda como um raio de sol que era toda a sua vida. Alma virtuosa, tinha o olhar da inocência, conquanto a sua beleza e o seu corpo escultural provocassem a sensualidade dos que com ela deparassem. Talvez por ser tão pura e meiga, a cobiça de possuí-la acirrava a volúpia dos homens, e o nobre Juvenal enfileirava-se entre os que a desejavam. A sua paixão doentia só se refreava na dedicação de Juvêncio, que lhe era um fiel servidor. Reinava nesse tempo e nesse país que não interessa identificar, um soberano parcimonioso que protegia todos os desmandos do nobre Juvenal, já por querê-lo muito, já pela sua energia política e pelas forças de que dispunha. Chamaremos esse soberano de Henrique. Ismália tinha uma governanta à qual daremos o nome de Maria, de poucos escrúpulos, e que servia cegamente os amos. Certa feita, Juvenal não conteve a sua inquietação e concebeu um plano sinistro. Possuiria a filha de Juvêncio e a deixaria nas terras do Barão Macedo para que este arcasse com a culpa e ele, Juvenal, a pretexto de desforra, acabaria com o vizinho. Instruiu Maria para que conduzisse a menina, pois só tinha quinze anos de idade, até uma gruta que havia nas divisas das terras com o Barão Macedo, ao pé de uma montanha, e ele, Juvenal, se postou lá à espera da vítima. Maria cumpriu sua tarefa com esmero. Convidou a menina para um passeio e, a pretexto de mostrar-lhe curiosidades da caverna que a jovem mal conhecia, arrastou-a para dentro, onde Juvenal a agarrou como um lobo faminto. Maria retornou, e a jovem ficou à mercê do homem que a profanou até o cansaço da sua volúpia. Satisfeito, estrangulou a moça e a conduziu nos próprios ombros pelas terras do Barão, depositando-a num bosque. Conforme fora adredemente combinado, depois de algumas horas, quando Juvenal já se encontrava em casa, Maria apareceu transtornada, anunciando que foram assaltadas por alguns homens do Barão, chefiados por ele, e que arrebataram a jovem tendo ela, Maria, escapulido por um milagre. Juvêncio enlouqueceu de desespero e o seu senhor "generoso" montou um pequeno exército que foi à procura da moça, conduzido habilmente por Maria. Encontraram a jovem violada e estrangulada. Os homens se revoltaram, atacaram a casa do Barão e o apresaram com sua família, conduzindo-os às masmorras do castelo. Juvenal, cínico e impiedoso, permitiu que Juvêncio, dementado, profanasse todas as filhas do Barão e a sua esposa, diante dos seus próprios olhos, e depois os torturasse, todos, até a morte, com a ajuda do carrasco efetivo, que se chamava Antônio. Tão perverso ficou Juvêncio pelo choque que lhe causara a morte trágica da filha, que passou a ser o carrasco da prisão de Juvenal, e ali consumiu o resto dos seus dias torturando e matando para esvaziar o seu ódio. Os séculos rolaram, permanecendo no plano espiritual os laços de ódio, tendo o grupo todo se digladiado até que, um a um, foram se libertando e vivendo experiências isoladas que lhes valeu o reequilíbrio. Quando surgiu a oportunidade de reajuste coletivo, os protagonistas do drama retomaram à carne para desfazerem os grilhões de ódio e se ligarem pela afetividade positiva, tranquilizando o coração e a consciência para vôos mais altos do espírito.

O mentor estacou por instantes a narrativa. Sousa estava deslumbrado.

Identificava agora a projeção do passado nas tramas daqueles dias, com os parceiros em situações opostas; estava emocionado, embebendo-se no relato que lhe abria novas perspectivas de raciocínio.

Salvius parara a narrativa justamente para isso, a fim de que Sousa se conscientizasse do problema.

— Inconscientemente — continuou Salvius —, o Barão Macedo sabia que os seus algozes estavam aqui, sob a proteção dos Sousas, na carne de escravos, e os odiava por protegê-los. Juvenal sentiu-se atraído por Ismália e esta por ele em decorrência dos laços sutis do passado que os interligavam afetivamente. O amor dos dois, portanto, não era um improviso, nascido dos apetites de um jovem. Ao pleitear a compra de Ismália, Alberto, sem o saber, ia num impulso de reunir o casal, abrindo ao Barão a oportunidade de atraí-los. Mas o Barão Macedo deixou-se levar pela força do ódio, porque no mecanismo do seu inconsciente, onde estava a programação reencarnatória, identificou os algozes e desencadeou a vingança. Como fizeram à esposa e filhos, entregou Ismália ao apetite carnal dos seus sequazes e a sacrificou. Como tramaram contra ele, tramou contra Juvenal, e fez que o seu próprio carrasco levasse o castigo da desforra. Juvêncio, ao pregar o seu amigo traidor no poste, descarregou todo o seu ódio de séculos, matando-o. Maria, que ajudara a outra intriga, morre nesta; Antônio, que fora carrasco de muitos, experimenta as consequências do suplício.

— Quer dizer, então — atalhou Sousa —, que isso devia acontecer mesmo e assim como aconteceu para que cada um pagasse o seu e outros se desforrassem?

— Não, meu amigo — respondeu Salvius compreensivo —, se assim fosse, teríamos uma cadeia infinita de crimes justos e a reconciliação e o progresso dos espíritos não seria possível. A experiência reencarnatória é para extinguir o mal e não para perpetuá-lo. Se quando Alberto procurou o Barão este generosa e compreensivamente ajudasse a aproximação de Juvenal e Ismália, poderia atraí-los para si e ganhar os seus corações e a submissão das suas próprias vidas. Os Sousas também são credores de Juvenal, no entanto, ampararam o seu grupo e o amaram. Tendo a oportunidade de ver Juvenal à mercê do seu chicote, Juvêncio não atendeu às recomendações de Alberto, e o matou, quando poderia ter sido brando, ganhando a amizade de todos, e se reajustando com os seus inimigos.

— A vingança não faz parte da Justiça Divina, meu amigo — continuou Salvius — mas, enquanto o Barão Macedo e Juvêncio se complicaram, Ismália, Juvenal e Maria, tiveram a oportunidade de se redimirem. O suplício que experimentaram libertará a sua consciência dessa faixa de crimes e eles podem, agora, seguir adiante sem esses problemas de sentimento de culpa que algemam o espírito, e quanto mais estes evoluem, mais sofrimentos lhes causam, porque a Justiça Divina funciona no tribunal da própria consciência de cada um, e enquanto não sobrevir uma sentença de absolvição, seremos réus diante de nós mesmos. Não foi por outro motivo que Jesus nos ensinou que Deus está dentro de nós.

— E como cada um poderá revolver as cinzas do passado para decidir nessa hora angustiosa? — atalhou novamente Sousa — Eu não me lembro do meu passado.

— Acontece, Sousa — explicou Salvius —, que antes de os Espíritos se reencarnarem, num processo desses, eles têm a memória espiritual ativada naquela faixa dos acontecimentos anteriores que lhes geraram os conflitos, como também são preparados para os momentos de decisão. Nessa hora da escolha, os impulsos são equivalentes porque se eles conhecem o problema no inconsciente, nesse mesmo depósito inconsciente existem conteúdos morais para contorná-lo. Por isso, já lhe disse que as decisões são os instantes supremos dos espíritos e não nos é lícito interferir nelas.

— Meu Deus! — exclamou Sousa — que mecanismo admirável! Quando os homens tomarão consciência disso?!

— Em breve, Sousa — arrematou Salvius — a Humanidade caminhará para uma etapa de espiritualização e o amor entre os homens cobrirá a multidão dos seus erros.

Uma longa pausa se fez na conversa. Sousa, com essas revelações, estava diante de um mundo novo de raciocínios e imergiu em profundas meditações.

Salvius olhava, sereno, a lua cheia e as estrelas que enfeitavam o firmamento, como a dialogar com seres de esferas distantes, perdidos no Infinito, quando Sousa, não podendo conter a sua curiosidade, lhe interrogou:

— Explique-me uma coisa, Salvius: eu não me lembro de existências passadas e não sei, portanto, os males que fiz, e a minha consciência está tranquila; como poderei pensar em uma nova reencarnação?

— Você está ingressando em nosso plano, e sofre as limitações que as células físicas impuseram à sua memória espiritual, porque está impregnado, ainda, de energias grosseiras do plano terrestre. À medida que você for se adaptando à nossa esfera, com o perpassar do tempo, essa influência decairá e você poderá senhorear-se de uma vasta faixa do passado, identificar amigos esquecidos e consertar com eles novas experiências, com o beneplácito dos nossos Mentores, que organizarão as tarefas e acertarão os detalhes da reencarnacão. Quando o Espírito não pode fruir dessa faculdade, os Instrutores Maiores decidem por ele, programando-lhe a experiência no grupo que lhe cabe e ativando-lhe a memória no momento preciso para que possa se integrar nesse grupo. Os que ganharam já muitos valores, decidem até onde podem, e os que permanecem na retaguarda aceitam as decisões que não alcançam. Contudo, nenhum de nós permanecerá estacionado por não ter e não poder, desde que coopere em querer, aceitando as imposições da realidade – explicou o mentor atencioso.

— Quer dizer que todas as reencarnações são cuidadosamente preparadas e devem ser consentidas pelos Espíritos interessados? – perguntou Sousa, curioso.

— Nem sempre – respondeu Salvius – Estamos falando daqueles que têm capacidade de discernimento e méritos para se beneficiarem da atenção alheia. Existe, contudo, o caso de Espíritos, os quais poderemos chamar de incapazes, cujo consentimento é suprido pelos seus tutores ou, para me exprimir melhor, por aqueles que lhes tutelam a evolução. Aí ocorrem as reencarnações compulsórias quando o reencarnante ingressa num grupo que o aceita e corre o risco da sua presença. Sujeita-se na hipótese às programações do grupo, com o qual, naturalmente, tem ligações afetivas e, como não se preparou previamente, os frutos que poderá colher serão limitados.

— Desculpe-me a intromissão indébita e a irreverência — arriscou Sousa — mas você já tem algum programa de reencarnação? Tem muitos problemas do passado a resolver?

— As perguntas não são irreverentes, Sousa — respondeu Salvius compreensivo —, porque somos companheiros de muitas jornadas e o seremos de outras tantas. Você terá que se interessar, mais dia menos dia, pelos meus problemas, pois, juntamente com outros amigos, você seguirá ajudando-me do plano espiritual, no meu próximo renascimento na carne.

O mentor fez uma pequena pausa, grave e pensativo, como se procurasse mergulhar no oceano das suas reminiscências. Um sopro de tristeza varreu-lhe a expressão facial, e quando retomou a palavra, estava comovido.

À sua primeira pergunta, responderei que dentro de poucos anos voltarei à experiência terrestre, reunindo-me a um grupo de amigos que nos são comuns e que já me antecedeu, preparando-me o lar. Quanto aos problemas do pretérito que me convidam ao reajuste, tenho-os muitos e, para lhe falar a verdade, pesam sobre minha cabeça débitos monstruosos. A minha maior divida, contudo, é com Jesus e com a mensagem de amor que ele trouxe ao mundo. Quando o Senhor veio à Terra há quase vinte séculos, eu estava reencarnado na cidade dos Césares, na pessoa de um patrício romano, detendo nas mãos o poder de condenar e absolver, de ajudar e de esmagar. Cioso da minha posição privilegiada, fazia o meu trabalho voltado apenas para mim mesmo e para aqueles que me eram caros. No exercício da minha autoridade, mandei ao circo da execração, para morrerem sob a espada de gladiadores mercenários ou rasgados pelas unhas e dentes de feras esfomeadas, milhares de cristãos. Eram velhos, mulheres, crianças, jovens fortes e chefes de família, aos milhares que caminhavam para a morte sob o beneplácito da minha indiferença. Bastas vezes, da arquibancada de honra, lhes presenciei o martírio. Cristão para mim era sinônimo de malfeitor e insurreto, e nos códigos da minha iniquidade não havia para eles outra pena senão a morte humilhante, frente à multidão desvairada pela sede de sangue e de emoções fortes. Vi-os morrer orando ou cantando, abraçados uns aos outros ou abraçando sobre o peito uma rude cruz de lenha. Tanto tempo se passou e tenho na retina, ainda hoje, a imagem viva daqueles quadros tenebrosos. Meu nome àquele tempo era Salvius e em razão disso, e para que eu nunca me esqueça deste débito imenso, quando retorno ao plano espiritual e sintonizo com aqueles dias tristes do passado, faço questão de conservá-lo. O nome Salvius para mim representa um compromisso muito sério com minha consciência e meu espírito se identifica nele como o réu em liberdade provisória, aguardando o momento de cumprir-se a pena. No correr dos séculos, quando me foi possível readquirir o equilíbrio, supliquei oportunidades para enfileirar-me entre os que, no plano físico, compunham as hostes cristãs, a fim de retribuir com meu amor, à grande família humana, os prejuízos do passado. Fracassei em quase todas as experiências, ora seduzido pela volúpia do poder, ora subjugado pelos instintos inferiores. Mandei muitos às fogueiras da Inquisição, profanei lares e destruí famílias, arrimado na posição de intermediário de Deus e dos homens. As minhas vítimas destes quase dois milênios de erros eram almas virtuosas, que caminhavam para os campos da morte submissas e resignadas, encontrando neles a libertação e o convívio dos· planos superiores. A quase totalidade dos credores me perdoou e raros foram os laços de ódio que tive que desfazer em existências de muita dor. Contudo, meu amigo, a minha consciência não me absolveu ainda. Quando erramos, ou pagamos o nosso erro diretamente ao credor, com as moedas do amor e do trabalho, ou, se este não nos pede a retribuição, pagamos a nós mesmos, nos cartórios implacáveis do tribunal da nossa consciência, onde os nossos processos estão registrados e arquivados. Nos últimos séculos, com a ajuda de muitas das minhas vítimas, que hoje me são benfeitoras, venho reunindo valores e forças para empreender uma existência de sacrifício e dedicação ao Senhor e aos homens, a fim de quitar-me com a minha consciência e com a Lei. Se tudo correr bem e eu não complicar a minha contabilidade cármica, nos próximos séculos, tentarei a redenção, como um leal discípulo do Senhor de maneia a que Lhe mereça a presença em meu coração – finalizou o mentor, profundamente emocionado.

Enquanto Salvius falava, tinha os olhos postos no Infinito, em estrela distante, perdida na imensidão do espaço, e dos seus olhos úmidos, corriam lágrimas furtivas, que revelavam o seu sofrimento e a sua emoção.

Sousa ouvia-o enternecido. Nos poucos meses de convívio com o amigo espiritual, identificara-se profundamente com ele em razão dos laços do passado e em razão da imensa simpatia e compreensão que o mentor lhe irradiava. Nunca poderia imaginar que naquele espírito nobre, e atrás daquele semblante sereno, pudessem esconder-se tantas lutas e tantos problemas, tantas dores e tantas angústias.

Guardou um silêncio respeitoso, imensamente comovido e sem forças para comentar a revelação ou alongar o assunto.

Foi Salvius quem retomou a palavra.

— Tenho vivido séculos de solidão sem merecer o calor de um lar e as bênçãos de uma família, conhecendo apenas o isolamento do mosteiro ou o abandono da sacristia. Muitos espíritos generosos trilharam comigo caminhos paralelos para me sustentarem, no entanto, na maioria das vezes, antes de fruir-lhes o amor que poderia guiar meus passos para vôos mais altos, destruí-os e humilhei-os mergulhando-os em padecimentos. Enquanto eles mais subiam, na renúncia e no sacrifício, na paciência e no perdão, eu mais descia, arrastado de roldão pelas forças poderosas da minha cupidez, de tal sorte que entre eles e eu, hoje, existe um abismo, que me cumpre vencer pelos degraus de fogo da escada das provações redentoras. Eu não sou sereno, sou frio. Não vibro no infortúnio alheio tão-só porque lhe conheço as raízes, mas porque me enrijeci pela minha inferioridade. Ganhei as luzes da inteligência, contudo, tenho o coração ressequido e elas são para mim o que é a harpa melodiosa nas mãos de um rude lenhador, que nunca a manejou. Só não desfaleço porque embora as tempestades que atravessei, e tenho que atravessar ainda, sei que a Bondade Divina é o sol de nova aurora, a bonança luminosa que não falha. Nutro-me de esperanças como a semente que, conquanto tenha que se arrebentar sob a terra, sustenta-se na promessa de que virá a ser amanhã árvore frondosa a fornecer sombra e frutos para os viandantes do caminho.

Salvius estava emocionado. As palavras lhe saíam, na confissão, como uma descarga emocional longamente represada. O seu semblante, agora, estava iluminado, os seus olhos em prece voltados para a noite estrelejada do Infinito, tinham um brilho de certezas e de esperanças.

Sousa fitava o amigo com profunda reverência.

Devia-lhe a proteção de longos anos, o sustento naquelas horas difíceis, e enternecia-se por lhe ouvir os protestos de desvalia, imaginando as distâncias imensas que o Espírito deve percorrer para se sentir quitado consigo mesmo.

o

Escorraçado da propriedade dos Sousas, sob severa vigilância da arma que Romualdo empunhava nervosamente, fazendo uma força terrível para vencer o seu desejo de detoná-la, vingando o amigo trucidado pela fera que ia à sua frente, Juvêncio tomou o rumo das terras do Barão Macedo, portando um embornal onde se ajuntavam seus trastes. Ao passar pela porta da casa grande, quis apanhar o chicote, mas Romualdo não lhe permitiu. Ele próprio o apanhou, entregando-o a Juvêncio à saída da propriedade.

O capataz estava furioso e humilhado. Furioso, por ter perdido a chance de continuar na fazenda para levar a termo os planos sinistros que concertara com o Barão, e humilhado por ter sido desmascarado por um escravo inútil, e escoltado por outro. O seu espírito sanguinário, conquanto tivesse se alimentado fartamente arrebentando um pobre negro a golpes de chicote, roía-se no desejo de ver correr rios de sangue daquela gente.

Ia pensando no Barão Macedo. Embora lhe tivesse proporcionado uma desforra fabulosa, temia que não lhe compreendesse a expulsão. Mas, se continuasse a serviço do Barão, pobres dos seus cativos, iria desforrar neles toda a frustração daquela hora.

O Barão, ainda nervoso, andava de um lado para outro da casa, inquieto e agitado pela expectativa de notícias que tardavam. Agora, que lhe conhecemos a história global, podemos entender esse nervosismo que representa séculos de espera por uma vingança, séculos de ódio que o consumiu e o torturou, mantendo-o preso nos grilhões da inquietação e da angústia. Os mecanismos do seu inconsciente transmitiam-lhe a mensagem do passado em forma de uma sede terrível de vingança que ele não podia decifrar, mas o seu desespero era o retrato vivo da loucura assassina que não mais pode esperar.

D. Margarida o observava atentamente, sem ousar, no entanto, provocar-lhe qualquer manifestação. Conhecia-o bem e sabia que o marido estava como um grande barril de pólvora, que a uma simples fagulha poderia explodir. Mantinha-se nas suas imediações furtivamente, com imenso cuidado para não ser notada na sua vigilância.

Quando Juvêncio foi anunciado, estava ela em uma sala contígua, aparentemente distraída.

O Barão correu afoito ao encontro do capataz, qual criança ansiosa que espera o presente dos seus sonhos, desfechando-lhe uma saraivada de interrogações.

– Por que veio você mesmo aqui, Juvêncio? Que aconteceu? Como se saiu no seu trabalho? Vamos, rapaz, conte tudo, não me faça esperar mais!

Juvêncio ficou desconcertado. Nem bem entrara e, preocupado como estava, aquela torrente de perguntas e o nervosismo do Barão o inibiram.

– Vamos, rapaz, que há contigo? Fale logo – insistiu o fazendeiro.

– Bem, patrão, o serviço foi feito e bem feito! – exclamou Juvêncio triunfante – Matei o negro no tronco. Não aguentou a quinta pancada, mas lhe meti 30 boas chicotadas que lhe rasgaram as costas de cima abaixo, e lhe quebraram todos os ossos. Para dizer a verdade, se é que preto tem alma, acho que arrebentei até a sua alma!

O Barão Macedo tremia de emoção e contentamento. Um riso sádico estava nos cantos da sua boca, onde dois lábios finos e frios pendiam sob o basto bigode. Ouvia Juvêncio num delírio de satisfação doentia. Seus olhos moviam-se agitados e expectantes nas órbitas. Seu coração descompassado queria rebentar-lhe o peito murcho.

– Formidável, meu rapaz! Formidável! Eu não lhe disse que Deus é grande e que chegaria nossa vez? Meus parabéns! meus parabéns! e muito obrigado pela alegria desta hora. Parece-me que espero há séculos este momento de vingança! Conte, conte mais! – exclamou o Barão, excitado.

— Acho que matei três coelhos com uma só cajadada, — continuou o capataz eufórico pela explosão de alegria do patrão — porque a irmã do rapaz que estava prenha, quando saí de lá deixei-a praticamente morta! Três negros a menos para nos infernizar!

— Bravos, Juvêncio! Belo trabalho! Você será recompensado, será bem recompensado! Agora vamos acertar outros planos para acabarmos de uma vez com essa gente — delirou o velho fazendeiro, numa expressão mórbida de quem não governa mais a própria razão.

O capataz estremeceu. Não sabia nem como começar e o que dizer. Conhecia o patrão e sabia que aquela explosão de alegria poderia se transformar, facilmente, numa explosão de contrariedade e aí as coisas se complicariam para ele. Resolveu contar tudo direitinho e como foi.

— Sabe, Barão Macedo — continuou meio pigarreante pelo nervosismo —, depois que surrei o negro, fui para a casa grande dar o meu serviço para o Dr. Alberto. Estava quase convencendo-o que o escravo sofria do coração e tinha morrido de emoção, quando aquele preto velho que chamam "tio" Henrique, entrou de repente na sala e me acusou de ter batido muito forte e morto o rapaz. Quis agarrá-lo, mas o patrão sacou uma arma, me ameaçou e me expulsou da fazenda. Pior, deu a arma para outro escravo que me escoltou até a saída. Não sei como escapei com vida de lá, porque o negro sujo atrás de mim tremia de vontade de atirar.

— Maldição! — Agora que tínhamos conseguido nos infiltrar entre eles, esse fedelho achou de bancar o homem! Negros malditos! Negros malditos! — gritou o Barão batendo com a mão fechada na pequena mesa da sala, quase destruindo-a na sua explosão de ódio, qual onça ferida e acuada.

– Patrão, eu não tive culpa! – tratou de explicar Juvêncio, vendo o homem desvairado – fiz o meu serviço como tinha que fazer, e não esperava por isso.

– Eu sei, Juvêncio, eu sei! mas aquele bode velho vai me pagar! – vociferou, mordendo os lábios e olhando sinistramente para o vácuo. Pois, amanhã, à noite, você junte alguns homens, rapte o negro e traga-o para cá pois vamos dar cabo dele!

– Mas, Barão – atalhou Juvêncio –, o moço fazendeiro mandou-me dizer-lhe que o senhor não se meta mais na vida da sua fazenda, porque ele tem agora um motivo para enfrentá-lo.

– Enfrentar-me? Quem é esse fedelho para enfrentar-me? Isso não me mete medo, não! Vamos ver se eles têm coragem para isso! Pois amanhã à noite vamos ver! – explodiu o Barão, colérico, no auge do ódio e da indignação.

D. Margarida ouviu inteiramente o diálogo entre os dois homens. Ouviu com o coração opresso, e amedrontando-se a cada rugido do Barão, temendo por sua saúde mental. Sem dúvida, Macedo ultrapassava os limites do natural; o ódio que deixava extravasar tinha laivos de insanidade. A nobre senhora pensou nos Sousas, e se enterneceu.

Afinal, eram gente digna que repartiam os seus bens e o seu carinho com os desvalidos. Imaginou o novo crime que seria perpetrado, e orou comovida para que não se desencadeasse uma guerra entre os vizinhos, e aquela esteira de destruição tivesse um fim.

## VIII

## OS CAMINHOS DO MAL

A noite fluiu triste e lentamente na fazenda dos Sousas. Na casa grande, Alberto ardia em febre, e D. Maria Cristina com os nervos em farrapos, recolhida ao leito, chorava inconformada. O Dr.. Fernando assistia os dois desveladamente e, já era madrugada, quando conseguiu vencer a crise, e fazer com que adormecessem.

As emoções tinham sido muito violentas, e eles não estavam em condições de suportá-las depois de uma existência de paz e de serenidade. A colônia toda estava desperta. Os negros, chorosos e tristes, enchiam a casa de Antônio e se aglomeravam à sua frente, silenciosos, sem coragem de comentar o espetáculo dantesco a que assistiram, traumatizados pela violência e pela fatalidade que se abatia sobre eles, naquela noite.

Na habitação, duas mesas paralelas suportavam os corpos inertes e sem vida de Juvenal e Maria, distantes uma da outra cerca de oitenta centímetros. Entre elas, sentado em uma cadeira tosca empalhada, com um braço sobre cada cadáver, estava Antônio, estático e aparvalhado.

As lamparinas de óleo e as velas que circundavam os defuntos lançavam clarões intermitentes na sala apertada, de paredes brancas e chão atijolado. Os poucos móveis do recinto foram retirados para dar lugar às mesas mortuárias. Os negros estavam de pé, encostados nas paredes, como estátuas de um museu. Ninguém ousava falar. Os únicos sons que se ouviam eram os soluços sufocados dos mais emotivos, que não podiam conter o próprio desespero. As três vidas que foram ceifadas, representadas agora por dois corpos dispostos nas mesas que rodeavam, tinham o significado de uma liberdade que corria o risco de morrer junto com elas.

Só a presença de Francisco, sustentado por "tio" Henrique e Romualdo, não lhes dava essa certeza. Ao lado da destruição da morte irreparável, Francisco era a única esperança daquela pobre gente. Estava ele entre todos e como um deles, sentindo a mesma dor, e partilhando a mesma angústia.

Lá fora, a madrugada inundava-se na luz da lua, testemunha sideral daquela noite de terror e de iniquidade.

Todos os sons noturnos se faziam ouvir conquanto a multidão desperta. A morte impõe um silêncio reverente, porque o desconhecido infunde medo, e a saudade nasce na despedida e inibe o espírito na tristeza.

Por isso, podia-se ouvir o pio das corujas, o coaxar dos sapos e o canto monótono e estridente dos grilos espalhados pelo gramado dos jardins, até o rio, e por toda a encosta.

Ninguém se moveu de lá a noite toda, mesmo porque dificilmente aquelas criaturas, depois de tantas emoções violentas, poderiam conciliar o sono.

Quando chegou a manhã e o Sol se ergueu no horizonte, vestindo a Natureza com sua luz dominadora e colorindo as gotas do orvalho da madrugada que cobria as folhas dos gramados e dos arbustos, e os primeiros pássaros lançaram no espaço seu canto de saudação ao novo dia, voando apressados daqui para ali, a multidão ali estava, chorando o mesmo pranto e curtindo as mesmas dores, no mesmo desalento que varou a alvorada.

Ao perceber as primeiras claridades invadindo a habitação, Francisco se levantou do seu lugar e saiu com Romualdo até o pátio. Lá estava o tronco abominável, plantado no chão e esquecido dos circunstantes, porque a noite cobrira-o com a sua proteção e os corações estavam voltados para os dois companheiros mortos.

O moço se aproximou do lenho e agachou-se junto dele examinando os depósitos de sangue coagulado. Pediu a Romualdo que o recolhesse em um embrulho para enterrarem com o corpo do qual fora vertido. Depois, deu ordens para que arrancassem o poste e o picassem a machado, queimando o resto daquela presença vergonhosa. Num instante, as atenções se voltaram para a cena, onde dois robustos negros, com visível satisfação cavavam ao redor do lenho para desenterrá-lo. Foi um alívio para a multidão, quando tombaram o madeiro e o arrastaram para longe da casa.

Num instante, as pancadas do machado e o ruído das achas se separando do corpo principal, se fizeram ouvir.

Francisco acompanhou a operação, e depois de atearem fogo ao monte de lenha a que ficou reduzido juntamente com outros pedaços de lenha seca, porquanto a madeira colhida no dia anterior estava verde e impregnada de água, dirigiu-se para a casa grande, recomendando a Romualdo que atendesse tão-somente às providências inadiáveis, como a alimentação dos animais e a distribuição de provisões.

O jovem fazendeiro ultrapassou os terreiros de café completamente arrasado. Arrastava-se com dificuldade dado o seu cansaço e o estado emocional.

Em casa, recostado na poltrona de mogno de seu pai, encontrou o Dr. Fernando que se rendera ao sono. Tocou-lhe o ombro levemente, chamando-o.

– Dr. Fernando! Dr. Fernando! Já é dia, como estão mamãe e Alberto?

O médico esfregou os olhos e se aprumou na poltrona, consultando o relógio preso a uma corrente de ouro, que lhe pendia do colete.

– Está tudo bem, Francisco – respondeu após alguns momentos de refazimento –, estão dormindo e espero que despertem mais calmos.

– Veja o senhor, Dr. Fernando, como num instante, acontecem tantos infortúnios! Por que os homens teimam em serem maus e semearem a morte e a destruição por um prazer que não entendo? – disse-lhe o jovem inconformado.

– Desde que o mundo é mundo meu rapaz, o homem é essa fera imprevisível. Existem dentro de todos nós forças incompreendidas que se desencadeiam com um furor extraordinário e sem motivo aparente – respondeu o médico.

– Eu sofro mais ainda porque, tentando ajudar o Juvenal, dei oportunidade ao Barão Macedo para planejar essa carnificina monstruosa. Fomos muito inocentes – explicou o moço desconsolado.

– O essencial é que vocês procuraram ser bons, Francisco, e isso não lhes causará prejuízo à consciência. O Barão ficará impune, contudo carregará dentro de si, como chamas ardentes, as lágrimas que arrancou aos outros, e diante da vida será devedor por esses crimes. Agora trate de se recompor, porquanto acho que lhe caberá muita responsabilidade daqui para frente. Alberto está abaladíssimo e não creio que continuará na fazenda. Aliás, eu mesmo recomendarei que se afaste daqui. Não suportará viver neste lugar, depois do que ocorreu, e isso pode causar-lhe sérios danos à saúde. Na primeira decisão importante a ser tomada, o resultado lhe foi adverso, completamente ao contrário do que planejara, resultando nesse drama lamentável. Ele se sente culpado, embora sua evidente boa intenção, e esse sentimento de culpa pode crescer, evoluindo para uma perigosa depressão que lhe impossibilitará uma atuação desembaraçada na direção da fazenda. Sentirá vergonha dos escravos, de vocês e de si mesmo e, por isso, é necessário que se recomponha mentalmente em outro ambiente, por algum tempo, a fim de poder recomeçar e eliminar esse sentimento nefasto que lhe aponta na consciência o dedo acusador.

— Ora, Dr. Fernando, não deve ser tão grave assim... Mais alguns dias, aqui mesmo na fazenda, e garanto que Alberto estará completamente recuperado e esquecido de todo esse drama — atalhou Francisco, que não se sentira bem com as informações do facultativo.

— Os fatos exteriores surgem e desaparecem na fieira dos dias que os cobre com o pó do esquecimento para a grande maioria dos expectadores. Contudo, os protagonistas são marcados por eles. Principalmente aquele que lhe deu causa, sem lhe suportar as consequências. A consciência de cada um de nós é um tribunal permanente e nós nos julgamos, natural e automaticamente, sem necessidade de interferências exteriores. Quando, na apreciação do fato infeliz, nos sentimos culpados, esse sentimento de culpa passa a ser assim como uma sentença condenatória que vai nos exigir reparações permanentes até que, também na nossa própria consciência, a contabilidade do cartório criminal dê o pagamento da pena por ressarcido. Esteja certo disto, meu amigo, não há culpa que não tenha um preço dentro de nós mesmos, e que não carreguemos indefinidamente até pagá-lo. Na minha vida diária de médico, tenho surpreendido dezenas de casos de pessoas cujas doenças, às vezes gravíssimas, têm sua etiologia em sentimentos de culpa, consumindo-se no remorso por atos quase insignificantes do dia-a-dia, mas que resultaram em prejuízo para alguém. Ninguém lesa a ninguém, impunemente. Acho que a Justiça Divina colocou em cada mente humana uma espécie de condensador de substratos emocionais, onde ficam retidas todas as imagens e vibrações, história e consequências de cada ato responsável do ser humano, e que esse condensador, de quando em quando, ou de uma só vez, descarrega energias diferenciadas, de emoções diversificadas, que levam os devedores a certos tipos de angústia exacerbada, e os vencedores de si mesmos, à exaltação de ideais cada vez mais nobres. Analisando o aspecto negativo desse arquivo mental, pode-se constatar, no consultório, facilmente, que muitas formas de doenças estão estreitamente ligadas com muitas formas de culpas, inflingindo-se o próprio homem através desses canais misteriosos da mente, uma espécie de auto-reparação com vistas à eliminação do sentimento de culpa gerador de todo o conflito pessoal. Há inclusive doentes que se reportam a coisas estranhas, a fatos assinalados em sonhos ou em visões, nos quais se vêem na situação de opressores e cuja culpa, ainda que sem uma prova de realidade, lhes pesa na consciência e lhes ocasiona sérios transtornos, como se fôssemos responsáveis por atos que estão completamente fora da nossa consciência e da nossa realidade, como se fôssemos, pode-se dizer, herdeiros de culpas cometidas no passado por alguém. Por isso, meu amigo, permita-me aconselhá-lo: não se afaste jamais das linhas da justiça e da bondade, da tolerância e do perdão, que seu pai viveu e os ensinou a viver, a fim de que você tenha sempre a consciência tranquila e o coração desanuviado do panorama doloroso das angústias.

Francisco acompanhava atencioso a explanação do médico, que tomara um rumo mais sério e mais lógico, na tentativa de lhe explicar os seus cuidados com Alberto, o mesmo ocorrendo com Sousa, que juntamente com Salvius havia invadido o ambiente logo no início desta última argumentação do Dr. Fernando.

Sousa, que não se recordava de ter carregado dentro de si culpas que o acusassem, dada a sua bondade natural e a sua disciplina de espírito, nunca havia imaginado que sentimentos de culpa pudessem se relacionar com problemas patológicos de maneira permanente, e não resistiu uma pergunta ao instrutor que o acompanhava.

— Salvius — disse ele, respeitoso —, nosso amigo não está exagerando os efeitos dos sentimentos de culpa? A maioria dos fatos da vida não caem no esquecimento? Ademais, neste mundo egoísta em que vivemos, quem se preocupa com o mal que tenha ocasionado a outrem?

— Não há exagero, em absoluto — respondeu o amigo espiritual, com firmeza. Na verdade, esse quadro que acaba de ser pintado dá apenas uma pálida idéia da verdadeira significação da culpa na intimidade do espírito eterno. Com efeito, cada um de nós julga os nossos próprios atos e o tribunal divino está permanentemente instalado em nossa consciência. Diante dele, somos nossos próprios acusadores e defensores, assim como o próprio juiz que lavra a sentença final, cujo substrato é o sentimento de culpa, se nos considerarmos culpados, ou a libertação de qualquer compromisso com o futuro, se nos julgarmos inocentes. Pode você objetar que, necessariamente, cada um tratará de argumentar-se de tal forma, que lhe resulte sempre a inocência. Mas isso na verdade não ocorre, porque em nossa mente há um mecanismo perfeito de registro de todas as nossas emoções e manifestações de vontade, de tal forma que se, em dado momento, formos solicitados a nos examinarmos, com relação a qualquer fato mais grave do passado, esse mecanismo reproduz com perfeita autenticidade os seus mínimos detalhes e, se estivermos em condições de julgar, os julgaremos, e, talvez, aquilo que ficara adormecido pode emergir com toda a força da culpa a exigir reparação. Os fatos que presenciamos nestas últimas horas, dão testemunho do quanto nos custa a quitação de um sentimento de culpa. As pessoas aqui reunidas no drama que se desenrolou, e vai ainda se desenrolar, trazem culpas do passado, e porque essas culpas estavam a lhes reclamar solução, resgate com a Lei, acertaram conjuntamente a presente experiência física para resolvê-las, o que infelizmente algumas não conseguiram, agravando os próprios erros. Observe que o sentimento de culpa estava na base do programa reencarnatório, como objetivo primordial, porquanto Espírito algum ascenderá às Alturas enquanto estiver ligado a culpas por sofrimentos alheios, de vez que quanto mais evoluímos, mais nos envergonhamos do mal que tenhamos feito, e é natural que nos recusemos a avançar demasiado com tais problemas na retaguarda, a nos exigir solução dentro de nós mesmos. A religião tem dito que o pecado é o compromisso do homem perante Deus, e o pecado, meu amigo, não é o ato que contraria a lista das proibições religiosas, mas o ato que resulta em nossa consciência, na apreciação de hoje ou na consideração de aqui a um século, em um sentimento de culpa. Pecado, pois, para defini-lo melhor perante a vida, é todo ato humano que resulte em culpa, em sentimento de culpa, perante o tribunal de nossa própria consciência. É, pois, uma sentença condenatória cuja pena cumpriremos, mais dia menos dia, ou com as moedas do amor mais puro quando encontramos compreensão das nossas vítimas, ou com as lágrimas mais amargas quando estas nos exigem olho por olho, dente por dente.

— Mas, então — atalhou Sousa —, felizes daqueles que vivem bem, respeitando seus semelhantes, e fazendo da vida um motivo permanente de alegria e de realizações nobres.

— Você disse bem — continuou Salvius —, o segredo da felicidade é viver de tal forma que nossa consciência não registre culpas que possam suscitar-nos problemas de reparação. Veja você que um momento de erro se perpetua dentro de nós em um quadro vivo, que só deixará de existir quando pudermos transmudar-lhe a paisagem, com todos os personagens, em condições de alegria e de beleza. Carrego dentro de mim quadros vivos de quase dois mil anos, parecendo-me que ainda os vivo hoje, queimando-me o coração. Minhas vítimas são felizes, me perdoaram, mas a minha culpa relaciona-se não apenas com pessoas mas com a Vida, com a Natureza, e embora não pague diretamente aos meus credores, que nada me reclamam, sinto necessidade de pagar à Humanidade, a Deus, que me oferece outros cenários e outros personagens para que se me alivie a consciência e eu possa caminhar adiante.

— Segundo você me disse, ao rememorar aquela existência anterior do orgulhoso Juvenal — atalhou Sousa —, ele sacrificou muitas vidas, infligiu muitos sofrimentos e torturas físicas e morais. O seu sacrifício de hoje, no poste dos cativos, é o bastante para aliviar-lhe a consciência, e resgatar-lhe todos os crimes?

— Bem, meu amigo, isso é resposta inacessível a qualquer um de nós, porquanto ela reside em muitos corações inabordáveis ao nosso julgamento. Contudo, quero crer que se qualquer daqueles supliciados de outrora presenciou, ou venha a presenciar no tempo, porque não se apagam, as cenas dos castigos que Juvenal recebeu, dar-se-iam por satisfeitos, e o libertariam de qualquer projeto de vingança, uma vez que dificilmente encontrariam vingança mais dolorosa. Juvenal, por sua vez, que tudo padeceu sem reclamos, sem um grito de revolta, sem um ai de lamentação, despertará na vida espiritual com a alma aliviada dos sofrimentos idênticos que fez os outros experimentarem, e estará assim, em condições de prosseguir livre desses compromissos.

o

Enquanto os dois, do outro lado da vida, dialogavam quanto à problemática dos sentimentos de culpa, Francisco e o Dr. Fernando após o café, desciam para a colônia, onde o velório prosseguia, a fim de providenciarem o sepultamento dos corpos.

O Dr. Fernando atendia alguns cativos que estavam abalados com os acontecimentos, e mergulhados em sérias crises nervosas; Francisco acertava com Romualdo os detalhes do sepultamento que se deveria dar até a hora do almoço, para não prolongar em demasia a situação daquele quadro constrangedor da casa de Antônio.

E assim foi feito. Eram quase onze horas, quando os corpos foram transportados para o cemitério da fazenda, logo atrás do pomar da casa grande, acompanhados pela multidão que chorava e orava sem poder sair do trauma em que se mergulhou ante o espetáculo horripilante da véspera. Antônio ia quase que arrastado pelas mãos dos amigos, olhar perdido no espaço, como se estivesse em transe, ausente, caminhando cambaleante. Sepultados os corpos, ainda permaneceram algumas mulheres em oração junto aos túmulos singelos: duas cruzes fincadas lado a lado, encabeçando dois montículos de terra que, naturalmente, imitavam, na superfície, a matéria que a terra cobrira para sempre.

"Tio" Henrique retornou amparado por Romualdo, e sentou-se à porta de sua casa, no lugar habitual. Estava abatido, amava aquela gente com todas as forças do seu coração, e os acontecimentos foram demasiado dolorosos para não abalarem seu espírito extraordinário. Um véu de tristeza cobria-lhe o rosto e, em seu pensamento, buscava o espírito do Coronel Sousa, que sabia estar por ali, tentando vê-lo com os olhos da carne e ouvi-lo talvez, juntamente com o instrutor, a fim de ganhar energias para os momentos difíceis. De fato, Salvius e Sousa estavam ao seu lado, mas ele só via Romualdo, que se acomodara sobre uma pedra, com o velho ao lado.

— Romualdo — disse "tio" Henrique, grave —, as nossas dores não vão parar por aqui. Aquele infeliz do Juvêncio não vai se conformar de ter sido enxotado da fazenda da forma que o foi, por dois escravos. Nem o velho Barão se deterá, agora que desencadeou a guerra. Onde iremos chegar? O que poderão eles ainda tramar para nos trazer confusão e sofrimentos? Como se portarão nossos patrões, se persistirem as ameaças? Haverá guerra? Ouvi claramente o Dr. Alberto mandar dizer ao Barão que estava disposto a enfrentá-lo, sem medo. Sabe, meu filho, nós precisamos começar a orar, pedir a Deus com todas as forças do nosso coração, para que detenha esse processo de sofrimento que nos espreita, e que ameaça se transformar num rio de sangue.

Romualdo ouvia medroso e tremente as interrogações do velho amigo, porque sabia que ele não era pessimista, dos que se davam a vaticinar tudo negativamente. O velho sabia o que falava, e nunca falava demais. Abria-se com Romualdo, talvez porque este, como capataz, deveria estar atento às reações dos companheiros.

Salvius e Sousa, também, ouviam-no silenciosos.

A tristeza do preto velho era justificável; seu espírito estava sereno como quem espera tudo com a maior resignação possível, como acontecimentos inevitáveis que podem, mesmo, trazer felicidades.

Sousa, que não aprendera ainda a conhecer o velho servidor na qualidade de espírito, teve a impressão de que Henrique temia a sucessão dos acontecimentos e estava inseguro. Salvius, lendo, em seu pensamento e em suas reações, a muda conclusão, veio ao seu socorro.

— Sousa — disse afetuoso —, "tio" Henrique tem justos motivos para prevenir Romualdo e preparar-lhe o coração. Nosso irmão, como você já sabe, é um Espírito de elevada hierarquia e, mesmo encarnado, pode penetrar na faixa das vibrações que envolvem este ambiente, decifrando-lhes o conteúdo e antecipando os acontecimentos que preparam. Mais que isso, "tio" Henrique, no fundo do seu ser, numa faixa que não lhe está na consciência, sabe que está ligado ao drama que se desenrola aqui como fruto do passado. Reencarnacionista, sabe ele que cada um colhe o que semeia, e que ninguém carrega cruz de outrem. Diante da atitude que tomou ontem a noite, do ódio que o Barão lhe devota e do rancor incontido do algoz que foi expulso, os arquivos do seu passado deixam-lhe passar vibrações sutis que o preparam para o testemunho. Ele não sabe como e porquê mas adivinha que enfrentará, ele principalmente, problemas difíceis.

— Romualdo — prosseguiu o velho —, esteja atento junto dos nossos irmãos para controlá-los da melhor maneira possível. Lembre-se de que nossos inimigos esperam mesmo que nos declaremos em guerra para nos exterminar a todos. Ensina cada um a aceitar os acontecimentos com a maior compreensão possível, confiante de que o que acontecer estará na vontade de Deus, e nela terá sua explicação um dia, se não for aqui, será no Mundo Maior. Principalmente, cuide de você, porque Juvêncio não vai esquecê-lo mirando-lhe um revólver e enxotando-o como um cão. Aconteça o que acontecer, e com quem acontecer, meu filho, não deixe o desespero e a revolta se apoderarem de nossa gente. Vai agora, meu filho, deixa o preto velho sossegar o coração e falar com Deus.

Romualdo afastou-se mansamente, enternecido pela tristeza e pela firmeza de "tio" Henrique, que cerrando levemente os olhos, entrou em oração, mentalizando o Coronel Sousa e Salvius, que estavam ao seu lado, suplicando-lhes proteção e ajuda.

Conquanto Sousa não pudesse registrar-lhe as emissões mentais dado o seu evidente despreparo, Salvius lia-lhe o pensamento luminoso, com o coração opresso porque não podia, naqueles instantes, fazer-se visível para o preto velho e porque sabia que logo mais ele seria sacrificado pelo ódio do Barão. Salvius apenas tocou-lhe a cabeça mansamente e transmitiu-lhe uma enérgica transfusão de energias espirituais, que bastaram para desanuviar o olhar do negro e descontrair-lhe a expressão da face.

E a tarde se esgotou sem novidades. A própria tristeza geral foi esmaecendo, as pessoas já conversavam entre si sem tanta emoção, e sem tanta dor, que o coração esgotara nas lágrimas que rolaram pelas janelas dos olhos.

Desceu a noite. Na casa grande, Alberto, acamado, estava ainda sob o controle de calmantes que o Dr. Fernando lhe administrava, tendo ao seu lado D. Maria Cristina com aquela coragem e aquele valor que lhe eram próprios. Francisco, também no quarto, quedara-se pensativo numa poltrona. Ninguém conversava para não perturbar Alberto, que dormitava envolvido por leve sonolência.

As horas avançavam enquanto a noite se enchia de estrelas e a lua derramava seus raios prateados sobre a paisagem bucólica da fazenda dos Sousas. Os cativos dormiam, preparando-se para o dia seguinte em que teriam de enfrentar a realidade.

Eram quase onze horas. "Tio" Henrique estava dentro de casa sentado junto a uma mesa tosca, tendo no olhar uma leve expectativa, como se esperasse alguém. Não tinha sono. Aliás, dormia muito pouco, mas nunca se deitava muito tarde para poder se levantar mais cedo, pois adorava sentar-se à porta de sua casa e receber, no rosto enrugado, as carícias da brisa suave da madrugada, e ver o dia nascer, cobrindo a Natureza de luz e de encantos, na beleza das flores que rescendiam seus perfumes, na alegria dos pássaros que cantavam e voavam, entre as árvores próximas. Enquanto picava o fumo pacientemente, alguém bate-lhe

## SENZALA

à porta. O velho se sobressalta, de início, mas se aquieta, na expectativa de que alguém o procurava para atender alguma emergência daquela gente abalada pelos últimos acontecimentos. Tornaram a bater de mansinho, e o velho se levantou sem qualquer receio, e foi atender a porta. Ergueu a tranca pesada que a fechava por dentro e, mal a pousara no chão, mãos robustas o apanharam de surpresa, tapando-lhe a boca e lhe imobilizando os braços.

Eram os asseclas do Barão Macedo, capitaneados por Juvêncio, que ficara um pouco atrás, na espreita. Dois corpulentos colonos brancos, um de cada lado, arrastaram o velho, que mal tocava com os pés no chão, alguns metros abaixo, onde estava Juvêncio. Ali, o grupo todo reuniu-se e depois de amordaçarem convenientemente o preto velho, pegaram-no pelas pernas e pelos braços, dirigindo-se à propriedade do Barão Macedo, pelo caminho do rio, que passava logo abaixo da fileira de casas da colônia.

O velho estava perfeitamente calmo, embora soubesse que chegara a sua hora. Não fazia um gesto de defesa, e seus olhos serenos, voltados para o céu, pareciam conversar com as estrelas, indiferentemente às circunstâncias do momento e à sanha assassina daqueles homens, que matavam os negros, como ele próprio matava os frangos da fazenda para a cozinha dos patrões.

Sousa e Salvius, que a tudo presenciaram, seguiam o grupo. Sousa ia mergulhado em angústia, seguindo o amigo, sem poder imaginar as intenções daquele rapto. Tocou o braço do instrutor, levemente, e perguntou, respeitoso, ao mesmo tempo que amedrontado:

— A que dramas vamos chegar agora meu amigo? Que vai acontecer a essa alma generosa que nunca fez mal a ninguém e viveu uma existência de trabalho e abnegação, dando-se inteiramente aos outros?

— Calma, amigo! respondeu Salvius. Na verdade, sucederão coisas que se não sucedessem, teria sido melhor. As forças do destino que deveriam harmonizar-se nas vibrações do amor e do perdão, da tolerância e da caridade, desencadearam-se pelos caminhos do ódio e da vingança e esse arrastamento inferior tende a agravar-se de fato a fato. Mas nós sabemos das ligações de "tio" Henrique com o drama do passado e, naturalmente, temos que enfrentar estes momentos, como ele vai enfrentar, com a maior naturalidade. Dignos de lástima são os algozes que vão carregar, por muito tempo, o peso da culpa e chorarão lágrimas amargas até que se lhes abra uma nova oportunidade de regeneração. Quanto ao nosso amigo, daqui a alguns instantes estará livre, não só do corpo exausto que o abriga e o aprisiona, mas, e principalmente, dos sentimentos de culpa que o mantinham vinculado a estes acontecimentos. Sai da vida material plenamente vitorioso, como um herói, entoando o canto da alegria e da libertação, embora os que ficam não o possam compreender.

O grupo sinistro caminhava à frente, carregando o velho sem cerimônia e esbravejando injúrias, num autêntico antegozo pelo desfecho fatal que lhe reservavam.

— Bode velho – dizia Juvêncio –, o rei da colônia dos negros sujos e traiçoeiros, você pagará por todos eles, vai ver quanto custa enfrentar um branco, como você me enfrentou ontem dante daquele moleque desfibrado! Vai morrer daqui a pouco, e sem você será mais fácil acabar com os Sousas e seus escravos privilegiados.

O preto velho não se perturbava. A serenidade do seu olhar era impressionante. Deixava-se conduzir mansamente, como a ovelha que caminha para o matadouro, sem um reclamo, sem um gesto de revolta ou de reprimenda.

Sousa, que observava o espírito do preto velho a semi-despreender-se, como no desdobramento do sono, embora mantivesse a consciência do momento, interrogou o instrutor, que não se fez de rogado:

— Na verdade, os laços que prendem o Espírito do velho Henrique ao corpo físico, pelo próprio desgaste das células físicas, já são muito frágeis. Somando-se isso à sua espiritualização e elevação mental, ele mesmo, num ato de vontade, poderia romper-lhe as amarras. Por essa razão, o seu sacrifício não vai lhe ser doloroso, nem demorado, embora ele permaneça em luta para se reter no corpo e aproveitá-lo até o último suspiro, porque sabe que isso lhe é necessário na prova derradeira. Sabe, meu amigo, cada Espírito é um mundo e gravita em torno de outros mundos que lhe são afins; nós conhecemos, de cada um, apenas alguns detalhes insignificantes no cômputo geral de cada individualidade. Embora não tivéssemos presenciado, é certo que, durante os momentos de sono noturno, nosso irmão se preparou no plano espiritual para esta contingência, a fim de enfrentá-la da melhor maneira possível e não lhe perder as mínimas vantagens espirituais, uma vez que são momentos raros de testemunho e de resgate que se apresentam a uma Alma no curso dos séculos. Aguardemos os acontecimentos.

O grupo, uma vez ultrapassados os limites da propriedade dos Sousas, caminhava junto à beira do rio sob a luz tênue do luar, que se derramava generosamente sobre o quadro sinistro que a noite presenciava.

Ao alcançarem uma pequena praia onde o rio descrevia ligeira e graciosa curva, lugar onde os animais se serviam da água reconfortante, e que, por isso, era limpo de vegetação e de fácil acesso às águas do rio, Juvêncio deu ordens de parada e mandou que colocassem o preto velho no chão, de pé, amarrando-se-lhe as mãos e os pés. Enquanto seus sequazes providenciavam, ele esbravejava e sorria como um louco. Rodeava o velho, intimidando-o com palavras ofensivas e ameaças de morte, a fim de supliciá-lo; Henrique, porém, permanecia imperturbável, tranquilo, com os olhos serenos e piedosos, seguindo cada gesto dos seus algozes dos quais já tinha imensa compaixão.

Juvêncio, diante da calma irritante do velho, mais se enfurecia. Gostaria de esmurrá-lo, estrangulá-lo com as próprias mãos, mas a autoridade moral daquele negro cativo e imobilizado impunha-lhe um estranho respeito, ao mesmo tempo que não lhe ficaria bem, perante os companheiros, dar-se à alentia diante de um velho indefeso. Ainda teimou por mais tempo, ofendendo-o, e mandou que lhe tirassem a mordaça para que o preto velho lhe revidasse os insultos. Mas Henrique nada falava, apenas olhava compadecido aqueles pobres homens que se embriagavam no crime e se embruteciam como animais. Se nunca a tivesse tido antes, agora teria a certeza de que a Alma do preto é igual ou melhor que a do branco e que todos são Espíritos vivendo diante de Deus.

## SENZALA

Vendo que de nada valiam seus insultos para descontrolar Henrique e encontrar motivos maiores para castigá-lo, desistiu do intento e deu ordens para que afogassem o velho no rio.

Dois colonos, um de cada lado, caminharam com o preto velho, que não opôs nenhuma resistência, e os acompanhou mansamente. Aos primeiros passos do trio, Salvius adiantou-se e impôs a mão, da qual jorravam chispas luminosas, sobre a cabeça do preto e como que puxou o seu Espírito do corpo ao qual ficou ligado por um frágil cordão, aconchegando-o junto a si, enquanto caminhava. Dentro do leito do rio pararam, a uma profundidade de mais ou menos oitenta centímetros, e num gesto brusco, mergulharam a cabeça de Henrique na água suave da corrente. Mal o líquido lhe enchia os pulmões, Salvius iniciou uma operação de desligamento do corpo. Os homens tiraram a cabeça do velho da água por momentos e a mergulharam de novo, em seguida, para terem certeza de que aquele velho sabido não estava lhes pregando uma peça, retendo a respiração. Nesse instante, os laços espirituais que prendiam o Espírito de Henrique ao corpo foram partidos, repercutindo no arcabouço físico, que os carrascos tinham sob as mãos, num brusco estremecimento, ao mesmo tempo que o Espírito liberto, algo atordoado, era recolhido nos braços amorosos de Salvius, que se afastou com Sousa.

— Este bode velho tem sete vidas — resmungou um dos homens diante do estremecimento do corpo esquálido, depois de uma submersão tão longa.

Quando tiveram a certeza de que Henrique estava mesmo morto, empurraram o cadáver para o fio d'água, a fim de que o rio se encarregasse de levá-lo para longe dali. O corpo boiou alguns instantes, depois submergiu na água prateada pelos raios da lua, testemunha da redenção de uma alma e dos sérios compromissos de um grupo sanguinário ao qual o futuro cobraria pesadas contas.

Salvius e Sousa seguiram para a fazenda, sustentando Henrique semi-atordoado pelo choque do desligamento. Ao alcançarem o casario da colônia, colocaram-no sobre a relva aconchegante e Salvius pôs-se a aplicar-lhe energias espirituais, especialmente sobre a cabeça, e, à medida que essa operação se prolongava, Henrique ia despertando, cada vez mais, ganhando lucidez e movimentos, até que abrindo bem os olhos e respirando fundo, olhando-os agradecido e feliz, conseguiu sentar-se. Ambos sentaram-se ao seu lado, e constataram que Henrique, como Espírito, estava plenamente liberto, senhor de si mesmo, e das suas faculdades que, aliás, ainda em plena vida exercitava, devassando com os olhos e os ouvidos os segredos do mundo espiritual. Passados os primeiros momentos de indecisão, os três se abraçaram numa explosão de alegria, como velhos companheiros que se encontrassem depois de séculos de saudosa separação, dividindo lágrimas de uma felicidade indefinida que lhes brotava do coração, como se tivessem conquistado todo o Universo só para eles. Nem lhes passava mais pela cabeça a lembrança do pobre corpo, preto e velho, que nesses momentos rolava nas águas do rio.

Extravasado o júbilo do reencontro e da libertação, Salvius enlaçou os dois companheiros e os convidou para a prece de agradecimento à misericórdia de Deus que havia ajudado aquela alma valorosa a vencer uma dura e longa provação. E os três partiram para o campo, longe das vibrações pesadas daquele ambiente, para depois seguirem, juntos, até a esfera espiritual, onde se achavam Ismália e Juvenal, ao lado dos quais Henrique ficaria por algum tempo.

o

A noite passou silenciosa. Quando os primeiros raios de Sol começaram a espiar sobre a fímbria do horizonte, vestindo de luz a Natureza e despertando a vida exuberante do campo, Romualdo já estava de pé, passeando pelo pátio fronteiriço ao casario onde os colonos deveriam se reunir. Dormira mal, impressionado ainda pelos eventos e pelas palavras do velho Henrique, e, enquanto caminhava, era para lá que se dirigia, para a casa do bondoso conselheiro de todos. Ainda de longe já se inquietou, por não vê-lo à porta, ele que era, costumeiramente, o primeiro a despertar na fazenda e a estas horas já tomara o seu café e puxava as baforadas do cachimbo. Apressou o passo, com o coração a bater-lhe descompassadamente. Ao chegar à porta da casa, viu-a escancarada, tranca no chão, e sobre a mesa o fumo picado ao lado do inseparável cachimbo do velho. Tremeu dos pés à cabeça, e o gelo que lhe percorreu o corpo era medo de que tivessem arrebatado o velho amigo para sacrificá-lo. Quis gritar, correr, procurar, mas controlou-se. Não deveria precipitar-se; afinal, era muito cedo, todos dormiam e ele poderia pesquisar sem fazer qualquer alarme. Saiu da casa, e examinou o terreno ao redor. Marcas profundas de botas na areia ao lado da porta e na terra lavada da trilha que levava ao rio, demonstravam inequivocamente que colonos brancos estiveram ali durante a noite, levando o velho para as terras do Barão Macedo.

Acompanhou os rastros até a cerca da divisa entre as duas propriedades.

    Lágrimas furtivas começaram a rolar pelo seu rosto, enquanto a sua mente queimava, procurando uma desculpa que não incluísse a morte do velho amigo. Talvez o tivessem prendido para exigir alguma coisa. Talvez só para amedrontá-lo e depois soltá-lo porque, afinal de contas, que mal poderia lhes fazer um velho que há tantos anos não se arredava da porta do seu lar? E nessa conjectura, Romualdo voltava para o pátio onde os cativos começavam a aglomerar-se para receber as primeiras ordens do dia.

    Também Francisco descia pelos terreiros de café para o entendimento matinal com a turma que deveria demandar o campo. Antes que o jovem ganhasse o muro do pátio, Romualdo subiu para os terreiros e o deteve, relatando-lhe, com cuidado, as suas tristes e desencorajadoras constatações. Francisco ouvia em silêncio, com o coração opresso e sopitando, a custo, o pranto que ameaçava transbordar pelas comportas dos olhos, malgrado a sua força para contê-lo.

    Romualdo estava mais calmo e isso, talvez, deu mais segurança ao jovem que decidiu de imediato nada dizer ao pessoal, de maneira que todos fossem em paz para o campo, enquanto os dois tomariam providências cabíveis para solucionar a questão.

    E assim foi feito. Francisco deu as ordens, Romualdo formou os grupos e os designou para as diversas áreas de trabalho da fazenda e os trabalhadores se dispersaram, silenciosa e tristemente. Mais alguns minutos e estavam só, os dois, diante do casario e do problema angustiante que deveriam enfrentar.

Francisco achou melhor chamar o Dr. Fernando e aconselhar-se sobre a conveniência de comunicar, ou não, o fato aos familiares. O médico que acabara de tomar seu café e ia mesmo à procura do jovem para avisá-lo de sua partida para a cidade, de onde mandaria medicamentos adequados para Alberto e sua progenitora. Encontraram-se logo à porta da saída. Depois dos cumprimentos habituais, Francisco o convidou para acompanhá-lo até logo mais abaixo, longe da casa, a fim de conversarem. Num instante, pôs o amigo a par da situação e das perspectivas sombrias que restavam diante das informações de Romualdo sobre as pegadas vistas na trilha do caminho que levava ao rio e à propriedade do Barão.

O facultativo cerrou o cenho, num gesto fisionômico de revolta, diante da impiedade que aquele escravocrata monstruoso estava revelando e, como já não podia nem mesmo duvidar de um desfecho mortal, resolveu de pronto partir para a cidade, levando Alberto sob o pretexto de interná-lo no hospital para uma recuperação mais rápida e alguns exames complementares. E assim fez. Enquanto Romualdo e Francisco providenciavam a condução, o médico voltou à casa grande, onde, sem muito custo convenceu Alberto, com o apoio de D. Maria Cristina, a acompanhá-lo à cidade onde permaneceria por alguns dias.

Não se passaram trinta minutos e os dois já se despediam, tomando o rumo da cidade, enquanto Francisco, D. Maria Cristina e Romualdo permaneciam à frente da casa, acompanhando com o olhar a carruagem deslizando pela estrada rumo à cidade, carregando na boléia dois homens tristes que estavam vivendo horas difíceis, sob um clima de penosa expectativa.

O carro já se perdera de vista, lá em cima na curva do morro, e os três ainda permaneciam mudos à frente da casa grande, quando uma negra velha e desdentada começou a subir, um a um, os terreiros de café, toda agitada e chorosa, com os braços gesticulando desordenadamente, na direção do grupo postado no alto. Francisco e Romualdo se entreolharam aflitos, e D. Maria Cristina se inquietou com o aspecto da mulher que vinha sôfrega ante o esforço para vencer depressa a distância desde o rio, e foi ao seu encontro acolhendo-a nos braços amoráveis, temerosa de que a pobre velha, pela sua aparência, viesse a desmaiar.

Levou a mulher algum tempo para regularizar a respiração, cobrar ânimo e alinhar os pensamentos, a fim de poder se manifestar. Todos estavam impacientes porque adivinhavam uma novidade dolorosa, mas ninguém ousava forçar a mulher a falar. Esperavam que ela se recompusesse por si até que pôde, abrindo muito os grandes olhos congestos, exclamar:

— Meu Deus do Céu, gente! Quando eu fui lavar minha roupa, encontrei o corpo do "tio" Henrique no rio enroscado no meu batedor de roupa! Pobrezinho, está todo amarrado...!

Romualdo e Francisco deixaram-na nos braços de D. Maria Cristina, e sem mais esperar, correram para o rio, onde encontraram o cadáver do velho Henrique, puxado pelas mãos generosas da negra para fora d'água, tendo ainda as mãos e os pés amarrados. Mais um crime estava consumado, mais uma vida preciosa tinha sido ceifada pelo ódio e pela maldade do Barão Macedo.

Romualdo tomou o corpo inerte e o carregou para a casa de "tio" Henrique, acompanhado de Francisco, sua mãe, e mais algumas mulheres que o alarido da negra, descobridora do cadáver, despertou a curiosidade e acompanharam as providências.

o

Na propriedade do Barão Macedo, ao romper do dia, também Juvêncio, o capataz, estava já de pé à espera do patrão que mal dormira a noite na expectativa das providências que acertara na noite anterior.

Como se pode imaginar, o encontro foi festivo, cheio de exclamações jubilosas, posto que tudo saíra a contento, conforme os planos, e assim mais uma punhalada tinha sido dada nos Sousas, em desagravo às humilhações que sempre infligiram aos fazendeiros com as suas maneiras de tratar os escravos.

Olhada apenas pela lente do mundo físico, aquela cena de alegria, como as anteriores no sacrifício de Ismália e de Juvenal, não se poderia conceber onde aquelas almas estavam haurindo esse desabafo, que só poderia alegrar a pessoas dementadas. Mas quem lhes conhecia a história, o passado distante, os séculos de ódio represado e a sede incontida de vingança, embora com tristeza, poderia compreender aquela alegria mórbida.

– Muito bem, meu rapaz – exclamou o Barão, batendo-lhe carinhosamente nas costas. Não lhe digo que Deus é grande e cada um pagará na sua hora! Chegou a nossa vez. Já demos bons e decisivos golpes no inimigo, agora vamos aquietar-nos por algum tempo, para ver o rumo que tomam as coisas! Mande vigiar atentamente as nossas divisas com os Sousas e não permita que ninguém as ultrapasse. Mate sem piedade quem o tentar.

Entrou o velho para o escritório, retornando com uma sacolinha de veludo, que devera ter sido do uso de sua esposa, cheia de moedas de ouro, entregando-a ao capataz, para que dividisse com os demais companheiros pelo excelente trabalho que realizaram.

Despedindo o capataz, o Barão voltou para casa e foi tomar o café matinal com a esposa, cantarolando alegremente, como alguém que estivesse divagando no mundo encantado dos sonhos. D. Margarida se inquietou; o comportamento do marido era anormal e aquela alegria inesperada sugeria-lhe pensamentos desanimadores. Estava ao corrente do que se passara com os Sousas, pela informação do próprio marido. Depois disso, na noite anterior, surpreendeu-o colérico e expectante, dando ordens a Juvêncio e despedindo os homens na boca da noite, sabe Deus para que fim...

O Barão notou-lhe a preocupação e a desconfiança, e foi logo se explicando.

– Sabe, Margarida – disse ele cinicamente –, estou feliz porque o Juvêncio acaba de me contar que aquele bode velho lá na fazenda dos Sousas, aquele negro que atende pelo nome de Henrique, foi encontrado afogado no rio. Acho que foi banhar-se e acabou se afogando por si mesmo. Um traste a menos para nos perturbar, uma vez que ele era o verdadeiro líder daqueles negros indecentes. Por isso, estou cantando. Como vê, é uma alegria justa, que não está custando nada a ninguém e que não precisa lhe preocupar.

Na verdade, D. Margarida não estava preocupada com a sorte dos negros, sobre os quais se tinha abatido a ira do Barão, ou não estava tão preocupada porque no fundo ela sentia a injustiça que lhes faziam; o que ela temia mesmo, dia a dia, era pela sanidade mental do esposo que atingia a panoramas alarmantes com os últimos sucessos. A boa mulher tinha vontade de chamar um médico, mas não ousava. Às vezes, orava para que lhe sobreviesse uma febre, um mal passageiro, para que servisse de pretexto à vinda de um médico com o qual pudesse dissipar suas dúvidas; mas não surgia oportunidade, e o Barão caminhava para uma loucura declarada e perigosa. D. Margarida temia por todos, pelos amigos e pelos inimigos, e até por ela mesma...

o

Na fazenda dos Sousas logo depois que os colonos regressaram do campo e tomaram conhecimento da morte do "tio" Henrique, e o choraram por alguns minutos, Romualdo anunciou o sepultamento, para logo, antes que a noite caísse, evitando assim a repetição das noites anteriores e não dando ensejo a que o impacto calasse muito fundo no coração daqueles homens que adoravam o velho companheiro e conselheiro de tantos anos. Tudo se fez, assim, num ambiente de estupefação e de embaraço, sem cada um ter podido se conscientizar, inteiramente, do evento funesto que se abatera sobre eles logo em seguida a outros acontecimentos dolorosos.

Eles choraram mesmo o velho Henrique depois dos funerais, Quando se reuniram na colônia e se inteiraram dos pormenores do assassinato. Muitas vozes se levantaram clamando por vingança. Houve um movimento, que quase se generalizou, para invasão da propriedade do Barão, à procura da desforra. Mas a palavra de Romualdo falou alto, seguindo a trilha das recomendações do preto velho, e os ânimos serenaram; os mais exaltados se renderam à evidência da espera. Isso, pela força das coisas teria fim e os culpados seriam punidos. Cabia esperar, recomendava Romualdo, cujo coração sangrava de tristeza e, na verdade, era o que agasalhava mais sede de vingança contra aquela corja de doentes mentais.

Romualdo despediu o pessoal, recomendando-lhes que se recolhessem em paz e dirigiu-se à casa de Antônio para consolá-lo, e verificar seu estado.

Encontrou o amigo sentado na sala, com a cabeça entre as mãos, sobre a mesa, pensativo e desconsolado. Tocou-o de leve nos ombros para animá-lo, num gesto de encorajamento.

Antônio ergueu a cabeça e pediu-lhe que sentasse. Estava mais sereno, embora seus olhos estivessem marcados por um estranho brilho que Romualdo lhe desconhecia. Conversaram alguns momentos sobre a nova situação de Antônio, agora sozinho na casa, estudando uma forma de alojá-lo em melhores condições ou providenciando para que alguma das velhas matronas cuidasse de sua casa, enquanto ele trabalhava. Comentaram a morte de Henrique, a desconfiança de que os sequazes do Barão o tinham assassinado, e Antônio se comportava com muita naturalidade, como se tudo aquilo não mais lhe tocasse, como se de um momento para outro tivesse perdido a sensibilidade e se tornado indiferente ao sofrimento de quem quer que seja.

Romualdo registrava, apreensivo, o comportamento do amigo que passara por tão duros momentos de provação, tendo a impressão de que a dor lhe secara o coração, retirando-lhe toda a sensibilidade, toda a emotividade, para transformá-lo num homem frio, desiludido e, talvez, vingador.

Mas, de um modo geral, Antônio estava bem. O tempo – pensou – cauterizará as feridas ainda sangrantes, e tudo voltará a ser como sempre o fora. Nessas consolações, Romualdo também procurou seu refúgio para o descanso, em mais uma noite de dor.

## IX

## NOVOS PLANOS DE LUTA

Na casa grande, D. Maria Cristina e Francisco, profundamente abatidos, comentavam a ousadia do Barão Macedo em invadir suas terras e arrebatar o velho Henrique de sua própria casa. Sem dúvida que o escravocrata não deveria estar em juízo perfeito, uma vez que não conhecia mais limites para sua maldade.

Francisco, embora jovem, aprendera com o pai a ser resoluto e a enfrentar as situações dentro de sua realidade. A realidade do momento era de que o Barão, animado pelos seus sucessos, poderia voltar à carga, impondo-lhes mais vítimas e mais aborrecimentos. Conduzindo a genitora para essa linha de raciocínio, não lhe foi difícil convencê-la para a aquisição de algumas armas, a fim de manter vigilantes armados ao longo da divisa. Certo que, o mesmo faria o velho fazendeiro e, inevitavelmente, haveria uma força armada de cada lado que ou se respeitariam mutuamente, ou poderiam degenerar em combates dispensáveis.

Talvez não fosse necessária a proximidade com a divisa do Barão, bastaria que os guardas dessem cobertura à casa grande e à colônia dos negros, a fim de que não se repetisse o episódio da noite anterior, com novo rapto.

No dia seguinte, Francisco iria à cidade. Relataria a Alberto sobre a sorte do velho Henrique, e o poria a par dessas providências, isso tudo, naturalmente, se o Dr. Fernando considerasse oportuno.

A velha matrona, conquanto aquiescesse às idéias de defesa alvitradas pelo filho, não via com bons olhos o fato de armar pessoas que traziam o coração revoltado, sangrando ainda com o assassínio recente de entes queridos. Todavia, era preciso esboçar alguma defesa, pelo menos para intimidar o Barão e refrear-lhe o impulso homicida.

E assim foi feito. No dia seguinte, pela manhã, Francisco rumou para a cidade, indo diretamente ao encontro do Dr. Fernando, em seu consultório.

O médico estava apreensivo com a situação que deixara na fazenda e com a sorte do velho Henrique a quem muito estimava e de quem recebeu, muitas vezes, conselhos valiosos. Tão logo Francisco apontou à porta, foi ao seu encontro com uma expressão de extrema expectativa.

– E então, meu amigo, acharam o velho Henrique? Aconteceu-lhe algo? Ele está bem? perguntou excitado bombardeando o jovem, que adentrava o consultório, com a saraivada de perguntas.

– Infelizmente, Dr. Fernando – disse Francisco com profunda tristeza –, o velho Henrique foi raptado pelos asseclas do Barão e afogado no rio – resumindo em poucas palavras todo o nefando acontecimento.

Embora, desde o momento em que deixara a fazenda, esperasse por isso, a notícia causou-lhe profunda revolta que se retratava em suas mãos crispadas, seu olhar duro e os lábios comprimidos entre os dentes, como quem está prestes a perder, por completo, o controle emocional.

– Assassinos! – resmungou o médico. Velho sanguinário e covarde! E pensar que várias vezes lhe salvei a vida, tirando-o de ataques cardíacos. Para que? para que sua maldade e seu ódio pudessem continuar a oprimir e a matar?

– Ora, Dr. Fernando, acalme-se – atalhou Francisco, percebendo que o médico se descontrolava –, devemos entregar tudo a Deus. Deus sabe o que faz, e como sempre nos dizia o velho Henrique, nesta vida cada um colhe aquilo que planta. Um dia, não sei quando nem onde, tenho certeza de que ele terá de prestar contas do mal que tem feito.

– Isso é apenas um consolo, meu jovem, porque ele continuará impune e cometerá outros crimes. Embora eu não descarte a idéia de que pode haver uma vida além da morte, onde, segundo a religião, a justiça é perfeita, o fato é que ninguém, até hoje, que eu saiba, voltou para dar testemunho de algum julgamento que punisse esses assassinos impunes, como o Barão Macedo – desabafou o médico passando o braço em torno do rapaz e convidando-o a sentar-se.

— Mas de nada adianta a revolta, meu jovem — prosseguiu o facultativo depois de se acomodarem - ela não poderá restabelecer o que foi feito, devolver as vidas que foram ceifadas. Pobre Alberto, vai se sentir com mais esta culpa, a da morte do "tio" Henrique.

— O senhor acha mesmo que ele vai se julgar culpado por isso? — perguntou Francisco, pesaroso.

— Sem dúvida — respondeu o médico. Alberto atribui tudo à sua falta de segurança, acha que não tomou a decisão certa por ter sentido medo do Barão Macedo, e não para proteger os outros colonos. Ele confessa, e não permite que se argumente contra, que tudo se deveu a esse medo, a essa insegurança que não lhe deu forças para enfrentar a situação. Aliás, antes do rapto de Henrique, ele já me dissera que, dada a sua fraqueza, muitos males ainda poderiam ocorrer, e a culpa ainda seria sua, pois encorajou o Barão.

— Neste caso — atalhou Francisco —, não convém dizer-lhe o que se passou na fazenda, na sua ausência; não podemos revelar-lhe o assassinato do velho Henrique...

— Claro, e era nisso que eu queria chegar — respondeu o Dr. Fernando, cordialmente — a fim de que você pudesse entender a situação delicada do momento.

— Nesse caso — disse o jovem —, creio que não devo tocar também em outro assunto que me trouxe aqui. Eu e mamãe combinamos em comprar algumas armas de fogo para nossa defesa na fazenda, mantendo guardas armados. Estou aqui, também, para fazer essa compra e levá-la para casa. Acha o senhor que seja conveniente falar disso com Alberto?

— No momento não — respondeu o médico. Se me permite opinar em lugar de Alberto, acho que você deve comprar as armas e estabelecer uma vigilância permanente na fazenda, uma vez que tudo indica não estar o Barão Macedo em bom estado de saúde mental. Quanto a Alberto, eu o informarei de tudo assim que achar conveniente. Fiquem tranquilos, pois ele está hospedado em minha casa, e tendo-o mais perto de mim, mais facilmente conseguirei aliviá-lo desses conflitos que o torturam.

— Ótimo! — exclamou o moço num sorriso de satisfação. Assim ele estará mais depressa conosco na fazenda. Nós lhe somos agradecidos, doutor. Agora, se me permite, devo ir às compras a fim de chegar cedo em casa, pois imagino que na situação atual, mamãe deverá ficar apreensiva.

— Vá, vá, meu rapaz, e tenha coragem. Tudo vai dar certo e a paz não tardará a voltar — disse o médico — despedindo-se e acompanhando-o até à porta.

Do consultório, Francisco rumou diretamente para o armazém da cidade, onde costumava comprar, e que comercializava armas de fogo. Atendido atenciosamente, como sempre o fora, dada a sua finura de trato, causou surpresa ao dono do armazém quando lhe perguntou por arma de fogo, posto que esse assunto jamais fora cogitado pelos Sousas. Admirou-se, mas não foi indiscreto para perguntar ao rapaz. Apresentou-lhe uma espingarda de dois canos, de fabricação européia, recomendando-a como o que havia de melhor no País. Francisco, apesar de nada entender de armas de fogo, examinou-a cuidadosamente, na tentativa de corresponder à atenção do vendedor. Depois perguntou, à queima-roupa:

— Quantas destas armas o senhor tem em estoque?

— Bem... bem... — gaguejou o vendedor —, talvez bem mais do que você vai precisar, pois recebi uma caixa fechada com dez armas iguais a esta.

— O senhor tem bastante munição adequada? — retrucou o jovem.

— Naturalmente que sim — respondeu o homem, já meio confuso.

— Pois então eu levo as dez espingardas e carga para quinhentos tiros — disse o rapaz, resoluto. Pode embrulhar, pois estou com o carro aí na porta e levo já para a fazenda.

— Que é isso, "seu" Francisco! — disse o vendedor assombrado vai haver alguma revolução por aqui?

— Não se assuste — tranquilizou o rapaz —, é que estamos esperando alguns amigos de São Paulo que vêm para caçar e, naturalmente, precisamos nos previnir.

E para que o vendedor não tivesse chance de interrogá-lo, passou a se interessar por outras mercadorias, junto de outros caixeiros, enquanto as armas eram convenientemente embaladas. Uma vez pronta a sua despesa e acomodada no carro, zarpou, sem mais tardança, para a fazenda.

À noitinha, depois que os trabalhadores tinham jantado e já se achavam palestrando no pátio, Francisco mandou chamar Romualdo, o capataz, que o atendeu prontamente.

— Romualdo — disse Francisco, desde logo —, comprei hoje na cidade estas dez espingardas que estão sobre a mesa, porque vamos ter, daqui para a frente, uma força armada para vigiar a fazenda e, principalmente, a casa grande e a colônia, onde estão as pessoas. Uma delas ficará aqui em casa; a outra ficará com você e as oito restantes serão distribuídas para as pessoas que forem destacadas para a guarda. Quero quatro duplas de guardas. Acho que devem andar dois a dois, para maior segurança, e responsabilidade. Vamos colocá-los em pontos estratégicos e com instruções precisas de como devem agir. Que acha você?

Romualdo, mal acreditava no que via e ouvia. Jamais pudera imaginar que aquele jovem os amasse tanto para se preocupar com suas vidas, pelas quais ninguém dava nada. Ouvia Francisco cheio de alegria, e imaginava a tranquilidade que iria ser para o pessoal a certeza de que estavam protegidos. Por estar nesse enlevo e nesse entusiasmo demorou um pouco para responder:

— Antes de tudo, patrãozinho, me deixa agradecer o seu interesse, o seu amor por esses meus irmãos negros, porque essas armas são para protegê-los, uma vez que nos patrões ninguém nunca ousaria tocar. Só eu sei a tranquilidade que vai reinar nos nossos lares, sabendo que todos estão protegidos. Muito obrigado, "seu" Francisco! que Deus lhe pague! — protestou o capataz, profundamente comovido.

— Ora, deixe disso, Romualdo — emendou o jovem. A vida de cada um de nós sempre foi importante, nesta fazenda. Agora, que acha você do meu plano?

# SENZALA

— Acho ótimo, patrão — retrucou Romualdo entusiasmado. Pode dar as suas ordens e nós a cumpriremos, à risca.

— Muito bem. Nossa guarda vai funcionar desde que começar a escurecer até que amanheça. Acho que devemos formar três grupos de oito, que se revezarão a cada noite. Dois homens devem ficar de um lado da colônia, de onde dá muito bem para vigiar a entrada principal da fazenda. Dois homens ficam do outro lado, logo abaixo da casa do "tio" Henrique, de onde poderão vigiar o caminho do rio que passa também pelas terras do Barão. Dois homens ficam do lado do pomar, atrás da casa grande, de onde poderão fiscalizar uma grande extensão de divisa com a fazenda do Barão. Finalmente, dois homens ficarão circulando nesse triângulo e adjacências. Todos os colonos devem ser avisados que essas áreas ficam interditadas e quem negligenciar ficará na linha de fogo e sujeito a ser alvejado. Assim, quem invadir nossa propriedade só poderá ser pessoa estranha, entrando também estranhamente para merecer qualquer atenção. Que ninguém fique exibindo as armas e que cada um se mantenha o mais oculto possível nas suas posições fixas, naturalmente sem deixar de observar a sua área de proteção. Se a pessoa que invadir a propriedade estiver armada ou não, depois de tê-la sob mira, deve-se dar ordem de parada; se não parar ou ameaçar qualquer defesa, não há o que esperar: é dar no gatilho para não errar. Entendido, Romualdo?

— Entendido, patrão! — pigarreou o negro, diante da firmeza e da determinação do jovem, que mais parecia um general em campanha.

— Outra coisa — continuou Francisco —, cada um é responsável pela arma e pela munição. Nenhum tiro deve ser dado à toa, não só para não desperdiçar, como também para não assustar ninguém. Assim quando se ouvir tiro, todos devem se manter alertas, os outros guardas devem cautelosamente ir em socorro da guarda, de onde partiu o tiro. Lembre-se, Romualdo, que é um negócio muito sério, porque com uma arma na mão, passa-se a jogar com a vida dos outros. Use só pessoas equilibradas, responsáveis, para que não nos suceda o pior. Essa responsabilidade é sua. Compreendido, Romualdo?

— Tudo certo, patrão — retrucou o capataz, com firmeza.

— Muito bem. Vamos fazer uma lista dos homens que serão mobilizados para esse trabalho — disse o rapaz, convidando-o a sentar-se ao seu lado, na escrivaninha.

Assim os dois, em breves minutos, organizaram a lista dos patrulheiros, na qual Romualdo se esforçou por colocar Antônio, tendo em vista que o rapaz, o que mais sofrera com a maldade do Barão, só de vigiar já se sentiria seguro e mesmo vingado. Ademais, dizia ele, como iria explicar ao Antônio, que sempre foi um bom homem, trabalhador e disciplinado, que ele não poderia entrar na lista? Francisco acabou concordando.

Em seguida, Francisco mandou que Romualdo reunisse os homens no terreiro de café próximo à casa grande, e depois de ministrar-lhes todas as instruções, entregou as armas e munições, ao mesmo tempo que pediu que não dissessem a ninguém, fora da fazenda, a respeito da guarda, porque o segredo da providência lhes dava uma grande vantagem. E os despediu, acompanhando-os com o olhar, sorridente, pelo aspecto que tinham carregando desajeitadamente as armas.

Os homens desceram eufóricos para a colônia, embora ouvindo sérias admoestações de Romualdo, quanto aos cuidados a serem tomados e as responsabilidades que estavam assumindo. Pareciam crianças que haviam ganho um brinquedo, mas, na realidade, cada mão que apertava a espingarda tinha um toque de nervosismo pela memória de Juvenal, Maria, Ismália e "tio" Henrique, as vítimas do inimigo que lhes havia roubado a paz.

Depois de um pequeno alvoroço no pátio da colônia, naturalmente pela novidade da guarda noturna, o primeiro grupo de guardas foi para seus postos, cumprir o seu dever.

## X

## O MAL DESTRÓI O MAL

    No entardecer do mesmo dia, a que vimos nos referindo, Sousa e Salvius regressavam à Crosta e o instrutor, que antevia a marcha dos acontecimentos, sugeriu a Sousa que fossem até a propriedade do Barão, verificar o que por lá se passava. Assim fizeram. Quando desceram nos terreiros de café, os negros voltavam do trabalho.

    Ao contrário dos negros da fazenda dos Sousas, que sempre voltavam do campo rindo, conversando ou cantarolando, extravazando alegria, os cativos do Barão vinham se arrastando pesadamente, tristes e amedrontados, tendo atrás de si os colonos corpulentos e seus chicotes contundentes. Parecia uma estranha procissão de condenados à morte, de animais cansados caminhando, com as últimas forças, para o matadouro. O quadro era desolador e Salvius surpreendeu duas grossas lágrimas rolando dos olhos de Sousa, que deviam ter um misto de pena por aquela gente, e saudade do seu povo que, agora via, era bem feliz.

— A vida é assim, meu amigo — disse Salvius tirando-o do mergulho sentimental —, estes Espíritos encarnados, negros desprezados e usados como animais, vieram aprender a mesma lição daqueles outros que encarnaram na condição de seus escravos, e que estão felizes lá na sua fazenda. Esta lição é deveras importante. Estes Espíritos foram, em outras existências, homens e mulheres orgulhosos, vadios e cheios de preconceitos. Viveram às custas dos outros e humilharam quanto puderam os que lhes estavam na subalternidade. Ora, a única maneira que eles tinham para se quitarem com a vida, era tomarem corpos de negros, destinados à escravidão, experimentando, assim, a humilhação, a necessidade, o peso do trabalho escravo, o respeito a qualquer forma de vida — sim, porque eles não são considerados "gente" — disciplinando o espírito para viver em qualquer situação, na maior alegria possível, naturalmente, desde que não se revoltem com as provas e aproveitem integralmente a dolorosa experiência do cativeiro. Então eu lhe pergunto, meu amigo, se eles devem sofrer para aprender e se corrigir, está certo o tratamento que lhes dispensa o Barão?

— Bem... bem... — reticenciou Sousa — se ingressarmos pelos caminhos da lógica, tenho a impressão que acabaremos em uma aparente justiça. Contudo, eu não estimaria essa justiça que acolhesse a maldade e o ódio como mestres de almas infelizes.

— Você disse bem, meu irmão, a Justiça Divina não necessita do mal para apagar o mal, da mesma forma que o mal nunca é um executor dos desígnios de Deus quando inflige sofrimentos ao que fez sofrê-los e precisa aprender. A redenção das almas se faz pelo amor. Só o amor é capaz de solucionar os problemas do Espírito de maneira definitiva e dentro dos desígnios divinos. Você, por exemplo, comprou muitas vidas humanas, e podia fazer delas o que quisesse, uma vez que eram "coisas" e não sujeitos de direitos, eram propriedade sua que podia decidir de sua vida ou de sua morte, e estavam ali por contingência cármica a fim de burilar seus espíritos devedores. No entanto, você preferiu amá-los, fez deles seus irmãos, seus filhos, respeitou-os, educou-os, deu-lhes do que serviam na sua própria mesa, tratou-os como gente, como gente de Deus, e eles aprenderam a obedecer, a servir, a contentar-se com o que recebiam, trabalharam com alegria, e com maior alegria viam você colher o fruto do seu trabalho, e com maior alegria ainda recebiam os favores do seu coração generoso que nunca lhes deixou faltar nada, nem material, nem espiritualmente. Essas almas viveram felizes, aprenderam felizes e deixarão o mundo felizes, tão-somente porque receberam amor quando, para elas mesmas, se justificariam as maiores provações.

O instrutor fez uma pequena pausa, Sousa chorava discretamente envolvido pelas vibrações do mentor espiritual que parecia, naquele instante, transmitir as vibrações dos Espíritos cativos aos quais se referia. Depois, continuou:

— Agora veja, Sousa, esses pobres espíritos que caminham à nossa frente, vencidos, exaustos, revoltados, humilhados, sem qualquer sinal de alegria. Se co-

## SENZALA

locassem armas em suas mãos, imediatamente eles matariam os patrões e os capatazes e saqueariam tudo, porque a revolta está dentro deles, como um barril de pólvora, prestes a explodir. Só suportam porque são indefesos e qualquer gesto atrai o castigo da chibata ou da morte. Muitos deles, sem dúvida, suportarão com estoicismo, atravessarão a tempestade de provas redentoras e se libertarão. Mas a maioria voltará ao plano espiritual em piores condições, mais revoltada, com o ódio vivo a procurar desforra, e perseguirá esses algozes talvez durante séculos, rolando nas trevas e no desespero. Veja, meu amigo, a responsabilidade de quem administra sobre a existência alheia. A atitude de um homem pode resolver centenas de destinos, erguendo das trevas para a luz, ou rolando junto para trevas mais profundas.

— Mas, Salvius, não foi um capricho do destino o fato desses infelizes terem sido comprados pelo Barão 'para servi-lo? — atalhou Sousa, que acompanhava o raciocínio do mentor.

— Não é bem assim — explicou Salvius, atencioso. Quando estes Espíritos encarnaram, assim como os que serviram a você, confiaram na proteção que o Barão Macedo, então no plano espiritual, lhes prometeu. Todos esses Espíritos são credores do Barão, por lhe terem sofrido injustiças em existências anteriores ou por lhe terem protegido em existências em que ele estava entregue a si mesmo. Mas, por um fator negativo, ou por um fator positivo, dentro da história deste grupo de almas, o Barão é devedor de todos. Iria redimir-se, quitar-se, se cumprisse a sua promessa protegendo-os, ajudando-os nessa provação difícil, como fez você com os seus credores, seus escravos atuais. Muitos desses Espíritos só aceitaram essa experiência dolorosa, que representa um salto na escalada espiritual, porque confiaram no amparo do Barão. Você vê, assim, que a justiça, a verdadeira justiça, deve ser exercida na base do amor. O Barão é o poder e a justiça sobre a cabeça desses Espíritos, no entanto, é o devedor de todos, o que mais aproveitaria do amor que desse a essa gente. Para executar os desígnios da Providência, ele deveria ser bom, não o é, logo, voltando à nossa proposição inicial, o seu modo de agir não é correto.

Nesse instante, a fila dos cativos alcançava a senzala, onde os escravos viviam na maior promiscuidade. Salvius convidou Sousa para segui-lo até lá, e conhecer de perto a situação daquela gente.

— Sabe, Sousa, tudo guarda um ensinamento, mesmo as piores coisas, e, por isso, nossos olhos devem olhar para aprender. Quem conhece o cheiro do estrume do mangueirão, sabe dar maior valor ao perfume do jardim, embora não deva deixar de ir ao mangueirão onde precisa colher o leite que serve à mesa, nem deixar de ir ao jardim porque flores não alimentam. Nós temos na vida duras realidades e ternas belezas, necessidades e prazeres, e devemos transitar entre elas com o mesmo espírito de elevação, conscientes de que, por muitos séculos ainda, nos serão inseparáveis — filosofou Salvius, enquanto andavam vagarosamente em direção à senzala.

— Eu acho que andei muito tempo enganado — confessou Sousa ao amigo. Sempre entendi que o homem só deveria conhecer o lado bom das coisas, para que o lado mau não o contaminasse e o perdesse.

— Só há um pequeno detalhe no seu pensamento, que merece reparo — atalhou Salvius atencioso. De fato o homem para discernir precisa conhecer o certo e o errado, precisa conhecer o lado bom e o lado mau das coisas, precisa, enfim, conhecer a vida, porque é a vida que contém coisas boas e coisas consideradas más. O que ele não precisa, e não deve, é viver o lado mau das coisas, porque é isso que o contamina e o perde.

    Nessas alturas, haviam atingido a entrada da senzala. Um barracão em forma alongada, muito comprido e relativamente estreito, com pé direito de cerca de 2,20 metros, o que lhe dava um aspecto de cocheira, pocilga, tudo, menos habitação de seres humanos. Era construído com madeira roliça, coberto de sapé, as paredes barreadas no estilo pau-a-pique, com algumas aberturas à, guisa de janelas, para ventilação, que, pela quantidade delas, deveria ser precária. Pela mesma razão de o ar ser pouco, também o era a luz. O chão era de terra batida, bastante irregular, naturalmente em razão até das molecagens das crianças, que deviam cavoucá-la, por brincadeira. Não havia divisões; o espaço era comum às centenas de moradores, homens e mulheres, velhos, moços e crianças, que o superlotavam. No sentido da largura, permitia que fossem usados os dois lados, restando um miserável corredor de cerca de cinquenta centímetros entre duas pessoas estiradas. Não haviam móveis. Ganchos nas paredes recebiam as poucas e esfarrapadas roupas; algumas pedras de forma regular, caixões velhos, pedaços de madeira e outras coisas que se pudessem aproveitar para isso, serviam de cadeira, de mesa, de escada, de tudo, enfim, que a necessidade reclamasse daqueles parcos recursos. Não haviam camas nem colchões; os negros dormiam no chão, sobre esteiras de sapé ou de outra fibra que eles mesmos teciam. Enroladas as esteiras, a senzala deveria ter o aspecto de uma grande "sala de visitas", facilmente confundível com um corredor, uma cocheira, um depósito ou qualquer outro nome que se dê a um espaço daquela natureza, embora as roupas dependuradas nas paredes pudessem sugerir a presença de coisas humanas. À hora da visita, os negros começavam a abrir suas esteiras para esticar o corpo cansado. O barracão corria paralelo ao rio, a poucos metros da sua margem e era lá que os negros se banhavam, na maior promiscuidade, tanta ou maior que no interior da senzala infecta. O cheiro do ambiente era perturbador, nauseante. Àquela hora, o barracão, superpovoado, tinha um cheiro forte de suor. Para dizer a verdade, aqueles negros jogados no chão sobre uma esteira, nus ou semi-nus, aquela construção paupérrima e deficiente, somados ao cheiro forte a que nos reportamos, davam mais uma idéia de uma imensa pocilga, e mesmo para pocilga ainda seria um insulto aos animais. Anoitecia mais ainda, os negros iam acendendo lamparinas de óleo, aqui e ali, os que podiam, o que emprestava ao ambiente um aspecto mais tétrico. Para facilitar o controle e a vigilância, só havia uma entrada, sem porta, por onde Sousa e Salvius invadiram a senzala e caminhavam, agora, lentamente, entre os negros. Sousa, nem é preciso dizer, ia profundamente enojado e comovido diante de tanta miséria e de tanto abandono. Se alguém lhe descrevesse aquele quadro, dificilmente acreditaria. Salvius caminhava impassível, como se já conhecesse aquilo há muito tempo. De quando em quando, paravam para analisar, sob a orientação do instrutor, algumas pessoas que ele devia conhecer. Iam os dois, assim, se aprofundando na senzala, até que Salvius parou, e Sousa também. Estavam diante de uma menina de seus treze a catorze anos, algo desenvolvida, com um corpo escultural, desde o rosto com traços arianos, ao busto firme e bem conformado, até as pernas roliças e esguias. Estirada na esteira, com quase todo o corpo à descoberto sob os andrajos, a menina chorava e estava agitada, talvez possuída de muito medo. Fixando-lhe a atenção, Sousa sentiu-lhe as vibrações de inquietação e como não pudesse decifrar os padecimentos da mocinha, interrogou a Salvius:

– Que estaria havendo com esta criança? – e perguntando notava-se-lhe um ar de preocupação e de pena.

– Um dos capatazes do Barão disse-lhe que vem buscá-la esta noite para ele. Simplesmente escolheu-a para satisfazer seus apetites, e dentro em pouco virá buscar a presa. Esta mulher ao seu lado é sua mãe, aquele homem, em seguida, seu pai e o outro, o rapaz de seus dezessete anos, seu irmão. A menina contou para o pai o intento do capataz e não será difícil você notar-lhe a revolta e a indignação estampadas em seu rosto semi-velado pela escuridão. Vamos aguardar aqui – finalizou Salvius, depois de esclarecer o amigo.

Enquanto esperavam, Sousa percebeu que o pai da jovem procurava dissimular sob a esteira um pedaço de bambu de cerca de um metro e meio, e que o preocupava, aumentando-lhe visivelmente o nervosismo. A moça desesperava-se cada vez mais e quando olhava, a todo instante, a entrada da senzala, via-se nos olhos dela o retrato do medo.

Não haviam decorridos trinta minutos, e entrou um homem branco, um brutamontes, mal encarado, barba por fazer, despenteado e sujo, carregando na mão direita uma grossa chibata e exibindo uma arma de fogo pendente na cintura, além de um punhal que carregava sob as calças. Seu aspecto era frio e seus passos pesados pareciam reboar no ambiente. Os negros, ante sua presença, se aquietaram, fingiam dormir ou simplesmente evitavam encará-lo. Era o lugar-tenente de Juvêncio, o segundo na hierarquia dos capatazes do Barão, tão temido e mau quanto o favorito. Quando chegou ao lado da menina, estacou. Olhou-a por instantes, semi-despida, e seu olhar libidinoso percorreu-a diversas vezes, dos pés à cabeça. Os negros o observavam furtivamente, conhecendo suas intenções e se penalizando da menina. Até que falou:

— Vamos, menina, venha comigo. Não tenha medo, pois não vou lhe machucar, vou tratar você como uma rainha. Venha comigo...

A menina encolheu-se toda, assustada, quase em pânico, qual se pretendesse desaparecer. O homem insistiu:

— Venha comigo, menina. Eu prefiro que você venha por bem. Fica melhor do que se eu pegá-la à força. Além disso, eu posso ficar zangado e machucar a sua família. Isso não me custa nada. Venha comigo, venha...

A menina olhou os pais, o irmão, que lhe negaram o olhar para que ela não sofresse mais ainda, e, como uma corça ferida, ergueu-se lentamente, hesitante, tremente.

O homem branco, sorrindo vitorioso, tomou seu braço e colocou-a a andar à sua frente.

Haviam dado dois ou três passos, quando o pai da menina, tomando o pedaço de bambu que tinha sob a esteira, na ponta do qual se podia ver agora uma lâmina velha de punhal bem amarrada, ergueu-se feli-

## SENZALA

namente e, num salto, cravou a lança improvisada na nuca do capataz. O homem não deu um grito. Apenas estrebuchou como se tivesse recebido uma violenta descarga elétrica e caiu pesadamente, de ventre no chão, quase alcançando na queda a menina que ia um pouco adiante.

O negro que retirara a lança depois do golpe, apenas balbuciou à mulher que iria fugir para a fazenda dos Sousas e, com alguns saltos, ganhou a porta da saída e desapareceu. A mulher e o filho chamaram a menina e afundaram na senzala procurando distância do cadáver que obstruía o caminho.Salvius e Sousa os acompanharam.

– Vamos rezar – dizia a mulher aos dois filhos –, seu pai fugiu para a fazenda dos Sousas. Aqueles fazendeiros são muito bons, protegem os escravos e não vão deixar o Barão fazer-lhe mal. Vamos confiar em Deus, meus filhos.

Sousa sensibilizou-se com o conceito que aqueles pobres negros tinham de sua família, e sentia estar do outro lado da vida sem poder ajudá-los. Mas, pensava ele, também a presença do assassino na fazenda iria causar problemas entre os vizinhos, piorando as já sanguinolentas relações.

Salvius, que lhe acompanhava o pensamento, tranquilizou-o:

– Não tema, Sousa – disse carinhoso – as coisas ainda podem sair muito bem. Vamos orar, ao invés de agasalhar o medo e a dúvida.

Nisso, um dos escravos, já de idade e que deveria ter alguma liderança sobre os demais, falou, meio temeroso:

— Meus irmãos, vamos ter calma. Os colonos vão ficar furiosos e querer vingança. Por isso, vamos aceitar tudo com resignação, mesmo porque quem matou foi um homem que tinha direito de amar como pai e defender a filha que iria servir de pasto a esse monstro. Alguém vá avisar o capataz. – Vá você! e indicou um moço logo à porta, que saiu.

O homem branco estava caído em decúbito ventral, com os dois braços distendidos para o lado, as pernas abertas, a cara feia e imunda empapada de sangue. Na queda, sua arma de fogo caiu da cintura e um dos negros a escondeu sob a esteira. O chicote estava ao seu lado. Os negros, desde a entrada até o cadáver, recuaram de maneira a deixar o caminho livre.

Não demorou muito e Juvêncio, mais dois sequazes, invadiram a senzala, de armas em punho, correndo para o companheiro morto estirado no chão.

— Negros ingratos e assassinos – vociferou o capataz colérico –, vocês vão pagar caro por esta vida preciosa, de um capataz do Barão Macedo. Até que eu descubra e mate o assassino, de amanhã em diante, matarei um negro por dia na chibata, para vocês aprenderem a não cuspir no prato em que comem e saberem que não podem tocar em um homem branco.

Depois, procurou, na multidão comprimida, aquele negro velho que havia falado como um líder:

— Salústio! gritou. Quem fez esse serviço? Fale a verdade, negro!

— "Seu" Juvêncio, respondeu o preto, calmamente – estava escuro, e foi tão rápido! O pobre homem não deu nem um gemido e nós só notamos o barulho do corpo quando um negro saía correndo da senzala depois, ao que parece, de ter tirado a arma do capataz. Acho que aqui ninguém vai poder dizer quem foi. Só amanhã cedo, na contagem dos homens, é que se poderá ver quem está faltando.

Juvêncio ouvia o homem, bufando de ódio e de indignação. Mas essa era a verdade. Àquela hora, seria difícil saber quem era o negro que estaria faltando. O negócio era persegui-lo já, para não ir longe, e depois se estudaria o resto. Tomou o companheiro morto, ajudado por outro capataz, e mandou que um terceiro ficasse de guarda na porta e não deixasse ninguém entrar ou sair da senzala. Levou o cadáver para a casa do colono branco, e foi dar a notícia ao Barão. Sousa e Salvius o seguiam.

— Maldição! — explodiu o Barão, ao receber a notícia. Como pode um capataz armado até os dentes, com toda a autoridade que eu lhe dou, de vida e de morte sobre esses negros, deixar-se matar assim, indefeso, estupidamente, por um negro que ninguém viu e nem se sabe quem é? Que estão vocês fazendo aqui? Daqui a pouco entram em minha casa, me matam e com todos vocês juntos, estarei indefeso? Vão atrás desse negro e tragam-no vivo ou morto. Precisamos dar uma lição a esses animais, do contrário ficarão encorajados e ousados. Sumam-se daqui e não voltem sem o tal negro assassino!

— Mas, Barão Macedo — explicou Juvêncio —, tudo indica que o negro foi para o lado da fazenda dos Sousas. Que devo fazer? Invadir a fazenda à sua procura? O senhor sabe que negro para eles é gente, e não vai ser fácil!...

— Ora, invadam a fazenda e matem quem se opuser. Já começamos a guerra, agora eles que não nos provoquem. Ninguém pode impedir que se cace um negro assassino. Para isso não há divisas. Podem ir.

Enquanto o Barão explodia, Sousa acompanhava angustiado o seu comportamento e a sua disposição em exterminar com sua família e seus homens.

— Continuo a dizer-lhe, Sousa, nada tema — falou o instrutor passando-lhe o braço pelas costas. Onde reina o bem, o mal dificilmente faz morada. Vamos acompanhá-los para sabermos a que arrastamentos essa onda de mal alcançará.

Os dois homens armados de chibata, garrucha e punhal, tomaram a estrada do rio, examinando cada trecho de chão, principalmente entre os arbustos e nas moitas de capim. Como não acharam pegadas do negro, deduziram que ele devia ter-se escapulido pelo rio para não deixar vestígios e, nesse caso, deveria ter ido para os lados dos Sousas.

De fato, o homicida havia se atirado no rio e descera-o mansamente, nadando com todo o cuidado, tendo penetrado na fazenda dos Sousas pela água, sem ser notado. Sorrateiramente, descera até atrás da colônia e embrenhara-se em um capão de mato ali existente, onde subiu em uma árvore e estava trêmulo de medo.

Juvêncio e o companheiro bateram toda a margem do rio, até a divisa. É — disse Juvêncio ao companheiro —, o peste do negro deve estar aí e nós temos que entrar. Vamos com muito cuidado, para não despertar ninguém. Se não arrumarmos encrenca, será muito melhor para nós.

A uns vinte metros acima, um deitado sobre a relva e outro semi-escondido em uma depressão do solo, alguns metros ao lado, estavam dois guardas armados. Um deles era Antônio. De longe conheceu Juvêncio e sua voz, quando falava ao companheiro. Apertou a espingarda na mão e rezou para que o capataz entrasse nas terras da fazenda. Seu coração batia, apressadamente. Será que o destino iria permitir-lhe vingar Juvenal, Maria e "tio" Henrique? Nem acreditava no que via e os minutos que os dois homens demoraram para decidir se invadiam ou não as terras, pareceu-lhe uma eternidade.

De repente, os dois capatazes do Barão meteram as pernas entre os arames da cerca e atravessaram, cautelosamente. Haviam andado alguns metros, e o companheiro de Antônio gritou-lhes:

– Alto lá! Voltem para trás, que vocês estão invadindo propriedade alheia!

Juvêncio teve um calafrio de surpresa, diante do imprevisto, mas como percebeu ser um negro quem falava, e negro não anda armado e nem tem quem o defende, respondeu, irreverente:

– Olha aqui seu negro sujo, quem é você para me dizer o que devo fazer? Pois vou lhe dar uma lição! Disse isso e sacou a arma, juntamente com o companheiro.

Sousa, que vinha atrás deles, apavorou-se. Aquele monstro iria matar o rapaz com toda a facilidade. Quis avançar em Juvêncio e Salvius o deteve.

Nesse instante, quando os dois invasores sacavam as armas, para surpresa geral, ouviram-se dois tiros que pareceram sair do chão.

Juvêncio levou uma carga de chumbo em plena cara. Antônio havia mirado com todo o capricho para esfacelar-lhe a cabeça. O capataz ainda deu um berro violento, e caiu de bruços, com o rosto completamente destroçado.

Seu companheiro recebera o tiro do outro guarda.

A carga de chumbo arrebentou-lhe o peito dilacerando-lhe o coração. Caiu sem um ai.

Sousa correu, surpreso, e viu quando Antônio e o outro rapaz erguiam-se do chão para examinar os cadáveres. Logo chegaram os outros guardas armados, atraídos pelos tiros, assim como Francisco e Romualdo.

Sousa estava atônito. Nunca imaginara encontrar tanta gente armada em sua fazenda. Parecia um exército e duas vidas, com ou sem razão, haviam sido ceifadas ali naquele instante.

Salvius permanecia em silêncio, deixando o amigo inteirar-se por si mesmo, através das conversas dos homens reunidos ao redor dos cadáveres.

— Quem diria — disse Antônio antes da chegada dos outros — que caberia a mim matar esse assassino que acabou com o meu lar e com a minha vida! É uma ironia do destino, mas todos estão vingados!

Francisco e Romualdo chegaram juntos. Antônio logo tomou a palavra:

— Patrãozinho — disse ele —, nós estávamos aqui de guarda, quando esses dois homens atravessaram a cerca. Demos ordem de parar e voltar, mas, ao invés disso, eles xingaram e sacaram suas armas para nos matar. Aliás, quem deu ordem de alto foi o João aí, e eles nem sabiam que éramos dois. Quando eles sacaram as armas, abrimos fogo, cumprindo à risca as instruções que recebemos. O que eles queriam não sabemos e nem eles disseram. Não tivemos outra alternativa.

— Sim senhor — ponderou Francisco, melancolicamente —, temos o nosso direito de defesa, e estamos dentro da nossa casa. Precisamos nos defender e defender os nossos. Infelizmente, diante de vizinhos agressivos e assassinos, o preço tem que ser esse.

— Acho que o senhor instituiu esta guarda armada em boa hora, patrão — considerou Romualdo — porque essa gente não respeita ninguém. Se não estivessem estes guardas aqui, sabe Deus o que iriam fazer!

E agora, que vamos fazer com estes corpos? — perguntou Antônio.

— Arraste-os até a cerca e deixe-os do lado de cá. Quem se interessar por eles, que venha apanhá-los.

Sousa acompanhava essas novidades, boquiaberto.

Instituíram uma guarda armada na fazenda? Que horror! – sua mente queimava e veio Salvius em seu socorro.

— Diga uma coisa, Sousa, quais eram as ordens destes homens no caso de algum obstáculo? – perguntou.

— Matar – respondeu Sousa.

— Chamados para se retirarem, eles sacaram as armas para quê? – tornou a perguntar o mentor.

— Para matar – respondeu Sousa.

– Ora, se assim é, eles estavam procurando a morte e pretendiam espalhar a morte. Nestas condições, não se pode dizer que os guardas são culpados.

– Certo, Salvius, mas esse povo armado? Não acha perigoso dar armas a esses homens rudes? Embora esta invasão, você acha que se justifica essa guarda armada? – perguntou Sousa ao mentor.

– A finalidade dessa guarda, pelo que entendo, é mais para intimidar, para fazer respeitar. Entraram há alguns dias aqui e raptaram o "tio" Henrique, matando-o. Quem garantiria que não repetissem a façanha? Veja você que não se intimidaram e entraram, novamente. só que eles não sabiam da existência da guarda armada e foram apanhados de surpresa; do contrário, não teriam nem atravessado a cerca – justificou Salvius atencioso.

Enquanto isso, os guardas arrastaram os dois cadáveres até a divisa, debandando-se o grupo, em seguida, para seus postos.

O fugitivo, do alto do seu posto de observação, embora a dificuldade para ver e ouvir, tinha certeza que Juvêncio e seu ajudante tinham sido mortos. Logo, com o que ele matou, só deviam restar mais dois guardas na fazenda do Barão. Um deles, como sempre, rondando a casa do Barão e o outro, com os acontecimentos, estaria na senzala. Ora, pensou, alguém tem que vir procurar Juvêncio, e a senzala ficará indefesa. Planejou, então, voltar, pelo mesmo caminho do rio, e aguardar perto da senzala a oportunidade de apanhar a fazenda indefesa. Desceu sorrateiramente da árvore e, como chegou, partiu mansamente pelas águas do rio.

# SENZALA

Salvius convidou Sousa para regressarem às terras do Barão, e acompanharem a marcha dos acontecimentos que estavam se desencadeando, agora contra os homens desalmados.

o

Aos dois estampidos que prostraram os invasores, o estrépito repercutiu na fazenda vizinha, e o Barão Macedo o ouviu distintamente, estranhando o estrondo uma vez que seus homens portavam garruchas. Mas não ligou maior atenção ao fato, atribuindo-o ao eco no silêncio da noite. Estava certo de que, com aquelas duas descargas, o fugitivo e assassino já deveria estar morto, pois Juvêncio não era homem de perder tiro. Por isso, estava aguardando o regresso dos homens já algo impaciente, quando Salvius e Sousa entraram e se postaram no seu gabinete.

Os minutos se escoavam e nada de Juvêncio chegar. Nenhum ruído lá fora. O povo da senzala calado e assustado, não se arriscava mesmo em se mover. Os escravos também ouviram os tiros e estavam rezando pela sorte do companheiro.

A expectativa era geral. O Barão se impacientava cada vez mais. Como não encontraram a garrucha do guarda morto na senzala, pensava ele, não teria o fugitivo usado seus dois tiros para matar seus homens? Que teria acontecido? – E com esses pensamentos, o Barão ia se irritando num crescendo. Sua impaciência não conhecia mais limites. Andava sem parar, fungava, mordia os lábios, praguejava, tentando controlar-se, até que não suportou mais, explodiu num acesso de cólera, próxima da loucura, gritando como um doido:

— Malditos! Malditos negros! Malditos Sousas! Maldita gente que não me deixa em paz! Eu os matarei a todos! Juro que os matarei a todos! Ninguém pode humilhar o Barão Macedo, muito menos esses animais!

Tamanho era o alarido, que D. Margarida acordou e correu apavorada para junto do marido, a fim de se inteirar daquela situação alarmante. Quando a pobre mulher entrou na sala, transida de medo, o velho praguejando com os olhos esbugalhados e os cabelos desgrenhados, baba correndo-lhe pelos cantos da boca, esmurrava a mesa com os dois punhos, com tanta força que o móvel saltava nos pés, a cada golpe. Era um quadro terrível demais para a sensibilidade de uma mulher como D. Margarida que, apesar de tudo, amava aquele homem enfermo amoedado. Diante do quadro doloroso que lhe confirmava as suspeitas de insanidade mental do esposo, parou com o coração querendo saltar de dentro do peito sob a força da emoção violenta que experimentava. Quis chorar, rezar, atirar-se no chão e contorcer-se. Mas seu coração lhe dizia que precisava ajudar o homem que se desarvorara acometido num ataque pavoroso.

A custo, cobrou ânimo e foi ao encontro do marido, correndo o risco de ser esmurrada, ferida, porque ele estava cego, descontrolado. Pôs-se a chamá-lo pelo nome, em voz alta, para poder alcançar-lhe a percepção.

— Macedo! Macedo! Meu bem, acalme-se, acalme-se, pelo amor de Deus! Tem piedade de mim, Macedo, pois não posso ver você sofrer deste modo!

Suas palavras, entrecortadas pelo pranto, pelos soluços que as detinham na garganta, carregadas da vibração daquele amor heróico que era capaz de se dar a uma fera como aquela, repercutiram no velho dementado, e ele foi se acalmando, seu ataque amainando, sob o influxo do estímulo e dos rogos da mulher, cuja grandeza de espírito e imensidade de amor acabaram por envolvê-lo inteiramente, até que se deixou cair exausto, fungando e babando, no sofá. Sua respiração difícil, seus olhos congestos, suas facies de ódio e loucura, davam-lhe, ali e agora, o aspecto de um monstro. D. Margarida debruçou-se sobre ele, enxugando-lhe o suor e o líquido viscoso que lhe escorria pela boca, afagando-lhe os cabelos com um carinho indescritível, abraçando-o, de quando em quando, para apertá-lo junto ao peito, como uma mãe. Chorando, abraçando-o, falando-lhe suavemente, ia tirando o velho do ataque, a pouco e pouco.

Sousa e Salvius presenciavam o quadro. Sousa, sob mais forte emoção e penalizado ao extremo. Tinha compaixão, agora que lhe via os padecimentos, daquele pobre homem, que deveria sofrer terrivelmente e por tempo indeterminado pelo seu orgulho e egoísmo, vaidade e ambição. Aquele homem não poderia ser catalogado a rigor como inimigo; era um doente, simplesmente um enfermo.

— Isso mesmo, Sousa — concordou Salvius, que lhe acompanhava os pensamentos e as emoções —, este homem é um doente. Chegará um dia, na face da Terra, em que as ciências do espírito catalogarão como doenças o orgulho e o egoísmo, a vaidade e a ambição, e a ordem social os obrigará a severo tratamento, uma vez que são as fontes permanentes do mal e da intranquilidade que reina sobre o globo. O homem que ultrapassa os limites normais — e haverá um limite de normalidade — sob qualquer dessas formas de sentimento, caminha para a loucura declarada, e é uma fonte geradora de desequilíbrio, em potencial. Nada mais justo, pois, que seja submetido a rigoroso tratamento especializado, com vistas a recuperá-lo para o convívio social. Você é testemunha, nestes poucos dias de observação, de seis mortes violentas, nascidas da enfermidade deste homem, e pode estar certo de que a força maléfica que ele acionou ainda pode estar em pleno vigor, alimentada pelas suas próprias energias mentais. Nestes processos tudo é imprevisível, e da mesma forma que o mal pode se arrastar para convulsões maiores, pode também, de um momento para outro, arrefecer e morrer, ou porque se extinguiu a si mesmo, ou porque alguma força poderosa de amor o suplantou. Você pode ter uma amostra aqui mesmo, quando o amor de D. Margarida, para quem Macedo não tem defeitos, envolveu o desequilíbrio do marido e o conteve, mantendo-o, como o mantém, sob controle.

— É verdade, Salvius — concordou Sousa, diante da evidência — o mal do mundo nasce no coração do homem egoísta e orgulhoso, que não sabe dar nem perdoar, ceder ou obedecer, compreender e ajudar, guardando as devidas proporções de si mesmo como frágil criatura, necessitada de tudo e de todos. Agora, posso avaliar isso em toda a sua realidade.

— O pior — atalhou Salvius — é que a Humanidade sabe disso há milênios e continua a mesma. A mensagem de Jesus não teve outro sentido senão o de convocar os homens para a humildade e a caridade, a fim de que pudessem se amar uns aos outros. O Mestre incitou os bons a tolerarem e ajudarem os maus, os sábios a esclarecerem os ignorantes, os fortes a ajudarem os fracos, para que as provações dos homens se abreviassem com a extinção do mal de sobre a Terra. E o que vimos nestes dezenove séculos? Tudo continuar na mesma e até, em certos momentos, serem ultrapassados os limites de ferocidades daqueles tempos milenares. Estamos longe ainda, meu amigo, do paraíso terrestre prometido para quando os tempos forem chegados.

O velho Barão, nesta altura, já readquiria sua consciência e domínio, desvencilhando-se dos braços de D. Margarida, confortando-a com a garantia de que iria controlar-se, acabando por pedir-lhe que se recolhesse em paz, porque agora estava bem. Beijou-a ternamente e, embora sabendo que nada estava em paz, pois conhecia bem o marido, não teve alternativa senão de retirar-se para seu quarto, onde pretendia orar.

o

Francisco chegara em casa sob forte impressão, acompanhado de Romualdo. D. Maria Cristina, que ouvira os estampidos, esperava-o ansiosa, sem saber quem deveria chorar agora. Quando os dois entraram em casa procurou demonstrar calma e despreocupação.

— Então, meu filho — disse ela sem afetar cuidados —, o que houve lá embaixo? A que se deveram os tiros?

— Ah! mamãe — respondeu o moço desalentado —, as coisas se complicam a cada dia. Juvêncio e mais um capataz do Barão Macedo invadiram nossa propriedade, não se sabe porque, e quando tiveram ordens de voltar, sacaram as armas para enfrentarem os nossos, e acabaram sendo mortos. Abandonamos os dois cadáveres perto da cerca divisória. Vamos ver como vai reagir agora o Barão! Tenho a impressão que o velho vai desencadear uma guerra, quando descobrir seus asseclas mortos.

— Que horror, meu filho! – disse a senhora levando a mão ao rosto – não havia outro meio de resolver o problema sem matar os homens? Isto pode gerar represálias, e, represália contra represália, nunca essa rixa poderá acabar.

— O único meio que havia para não matar, mamãe, era deixar que eles matassem, o que no meu entender seria um mal maior – explicou o moço querendo colocar o problema da legítima defesa para acalmar a progenitora, com justas razões, apavorada com o curso dos acontecimentos.

— Meu Deus do céu, nós não provocamos ninguém, não interferimos com a vida de ninguém, por que esses homens não nos deixam em paz? – exclamou a matrona, cujo espírito delicado vinha sofrendo duros golpes, em uma sequência sangrenta que parecia não ter fim.

— Eu me tenho feito essa pergunta constantemente e também não atino com o por quê dessas mortes inúteis e desse ódio sem sentido. Talvez seja um daqueles problemas de que "tio" Henrique falava, que a gente não entende e que está na força das coisas, nos caminhos do destino – falou o moço, abraçando a progenitora carinhosamente para acalmá-la.

— Ainda bem que Alberto não está aqui – disse ela, consolada. Iria somar mais essas mortes àquela sua decisão inicial de onde partiram todas essas consequências...

— Ou iria se convencer de uma vez por todas que tudo aconteceu porque esses homens são maus, não porque ele foi frágil – arriscou o jovem, que percebia a tristeza da mãe, ante a situação do irmão.

– Sabe, mamãe – continuou o rapaz –, pode ficar tranquila que de nossa parte não provocaremos ninguém, não moveremos uma palha para qualquer conflito ou desentendimento. Apenas, e isso é nosso dever indeclinável, nos defenderemos se for preciso. Creio que com este pensamento, com essa disposição, nunca poderemos estar errados, qualquer que venha a ser o desfecho desse processo maléfico que se desencadeou sobre nossas cabeças. Guardaremos a consciência tranquila e deveremos sempre nos considerar dignos, diante dos outros e diante de nós mesmos. Os atos humanos devem ser julgados pela intenção que os motiva, não pelos efeitos que possam vir a ter, por força das coisas. Em tudo o que nos aconteceu até agora, nos mantivemos sempre de coração puro e mente elevada, sem qualquer intuito egoísta, sem qualquer interesse subalterno, sem faltar o respeito ao mais inexpressivo dos nossos semelhantes. Acho que, no mundo em que vivemos, é tudo o que se pode esperar da pessoa humana – finalizou o rapaz, enquanto guiava a genitora para seus aposentos, a fim de que ela repousasse, voltando em seguida para a sala, onde Romualdo o esperava.

– Romualdo – disse ao capataz –, vá para sua casa e descanse. Se houver qualquer emergência, certamente nos chamarão. Amanhã, teremos tarefas duras a enfrentar.

Enquanto falava, Francisco guiou, também, o negro até a porta, onde o despediu. Em seguida, foi também descansar.

## SENZALA

Na senzala do Barão Macedo, os negros acuados e medrosos estavam na expectativa dos acontecimentos, depois dos tiros que se fizeram ouvir. O capataz, fortemente armado, cobria a porta, e mantinha os homens à distância.

Benedito, o fugitivo, depois de reentrar nas terras do Barão pelo rio, nadando cautelosamente, chegou até à senzala e se manteve amoitado à beira d'água, procurando adivinhar a situação, depois da morte dos dois capatazes, que ele viu muito bem esticados perto da cerca divisória. Tinha vontade de sair da água e se aproximar mais, porém, não estava seguro de que os outros tinham ido ao encontro de Juvêncio. De onde estava, não podia descobrir a posição dos dois capatazes que ficaram. Era preciso aguardar mais um pouco e, pensando assim, se aquietou, sujeitando-se a esperar.

O Barão Macedo, assim que acomodou a esposa tranquilizada, pelo menos aparentemente, voltou ao seu gabinete e retornou às suas preocupações, iniciando novo processo enfermiço. Juvêncio estava demorando demais, e depois daqueles tiros, nenhum outro se ouviu. Não deviam ter apanhado o negro, pensou como conclusão. Mas, e se tivesse acontecido alguma coisa a Juvêncio? A mente do Barão começou a movimentar as engrenagens da dúvida, do medo e do ódio e a máquina cerebral, inevitavelmente, iria começar a produzir perturbação e crime. Recomeçou a se agitar pelo aposento; as pragas mentais aos poucos forram se articulando em palavras e, não demorou muito, sua excitação começou a ultrapassar as faixas do suportável. Abriu a porta que dava para o jardim lateral, contíguo ao escritório e chamou o guarda que o protegia, permanentemente.

– Deixe o seu posto por alguns momentos, e vá procurar o Juvêncio pelo caminho do rio, até a divisa com as terras dos Sousas. Vá com cuidado, e se encontrar um escravo fugitivo que matou seu companheiro, traga-o aqui, vivo ou morto. Se você precisar de ajuda para alguma coisa, dê um tiro para o alto e eu mandarei reforço. Compreendeu bem? – disse o Barão ao homem que o via tão nervoso e decidido.

O capataz tomou o caminho do rio, passando ao lado da senzala. Benedito, que estava na espreita, acompanhou-o com os olhos uns cem metros, e quando ele se perdeu na curva adiante, saiu da água, mansamente; sabia agora que só restava um guarda, e ele devia estar na senzala. Contornou o barracão cuidadosamente e, certificando-se de que ninguém o veria, chegou-se a uma abertura da parede e pediu aos negros mais próximos que chamassem Salústio. Num instante, Salústio estava junto à janela, e Benedito contou-lhe sobre a morte de Juvêncio e seu comparsa, informando-o de que o outro guarda se dirigira para o caminho do rio, e iria dentro em pouco encontrar os dois cadáveres. Disse que ele, Benedito, ia tentar matar o guarda e aí sobraria só o que estava na senzala. Salústio, que portava a garrucha do colono morto, passou-a a Benedito e recomendou-lhe todo o cuidado. Na senzala, ele, Salústio, iria organizar os irmãos para uma eventual reação do Barão Macedo, face às já três mortes de capatazes.

Benedito esgueirou-se, furtivamente, e procurou de novo o leito do rio, para sair mais adiante e atravessar para o outro lado do caminho, onde poderia andar entre os cafeeiros recentemente carpidos, sem fazer barulho.

O capataz ia bem devagar, dando batidas pela beira do rio, na tentativa de levantar o fugitivo e contentar o Barão, pois conhecia sua ira quando não se conseguia prender um fugitivo, principalmente escravo. Com isso foi fácil a Benedito tomar-lhe a dianteira, e pôr-se de tocaia à espera da presa.

O guarda vinha perscrutando os dois lados do caminho, mais atentamente do lado do rio, mas Benedito estava bem protegido por detrás de um cafeeiro. Desse modo, o capataz passou por Benedito e quando havia se distanciado menos de dois metros, recebeu uma violenta descarga de chumbo na orelha esquerda. Chumbo grosso, usado para caçar escravo e não dar chance de vida. O pobre homem apenas ergueu o braço em direção ao ferimento, e caiu pesadamente no caminho, contorcendo-se nos estertores finais. Benedito teve ímpetos de dar-lhe mais um tiro, para garantia, porém, achou conveniente guardar a carga para uma emergência.

Quando o ferido parou de contorcer-se e se aquietou na morte, Benedito tomou-o pelos pés e o arrastou para trás dos cafeeiros. Tomou-lhe as armas e deixou-lhe sobre o peito o chicote, como um troféu do herói caído. Depois tomou de novo o leito do rio e voltou para a proximidade da senzala, onde se aquietou, aguardando nova oportunidade.

Ao ouvir o estampido, o Barão sobressaltou-se. Iria esperar mais alguns minutos: se não houvesse mais disparos, o anterior deveria ser o sinal combinado, do contrário o capataz atiraria de novo.

Sousa e Salvius, que estavam acomodados em seu gabinete, na expectativa dos acontecimentos, o observavam atentamente. O velho começou a monologar em voz alta:

— Isso quer dizer que meus homens precisam de ajuda. Ora, só temos agora aqui o guarda que está na senzala e só me resta a alternativa de eu mesmo controlar aqueles negros imundos. Sei como lidar com eles. Algumas chicotadas e algum chumbo para os atrevidos os manterão à distância e sob controle.

E o velho Barão abriu resolutamente a porta, saindo em direção à senzala, naturalmente, acompanhado por Sousa e Salvius.

Chegando lá, mandou o capataz seguir o caminho do rio, até as terras dos Sousas em ajuda aos companheiros, enquanto ele, Barão Macedo, ficava ali, pessoalmente. Muniu-se do chicote e exibia duas armas na cintura.

Do lado de fora da senzala, Benedito ouviu a ordem, e sem perda de tempo ganhou a dianteira e tocaiou-se mais ou menos no mesmo lugar onde abateu o outro guarda.

Salústio percebeu logo que aquele tiro tinha sido dado por Benedito, que deveria ter abatido o guarda. Se assim fora, agora restava o Barão e o guarda que saíra, e ninguém sabia, ainda, da morte de Juvêncio. Começou, então a prevenir os companheiros, pondo-os a par da situação.

Houve, assim, um zum-zum-zum que irritou o Barão. O velho começou a gritar e praguejar, e, dentro em pouco, estava bramindo o chicote, ameaçadoramente. Na sua excitação, em dado momento, escorregou ligeiramente no chão molhado e liso, o que provocou o riso descontraído de uma criança postada logo à frente dos cativos.

O velho enfureceu-se, abriu o longo chicote no chão e o desceu, impiedosamente sobre a criança, uma menina de seus seis ou sete anos. A multidão suspirou fundo, e pareceu que iria lançar-se à frente.

Sem perda de tempo, o Barão bramiu de novo o chicote e desceu-o agora a esmo. Um negro, possesso de ódio pelo castigo infligido à criança, para infelicidade do Barão, agarrou a ponta do chicote e puxou violentamente. O velho, que não esperava o gesto, desequilibrou-se e veio cambaleando para a frente, até cair de bruços bem à frente dos negros.

O mesmo escravo autor da façanha, tomou uma pedra, usada como cadeira, que deveria pesar seus vinte quilos, e a socou, com toda a força, na cabeça do Barão. O crânio do velho se esmigalhou num estrondo, esborrifando sangue e miolos por todos os lados. A multidão levou um choque terrível, permanecendo estática, estarrecida, não querendo crer naquele espetáculo de sangue. Alguém mandou o assassino fugir e este, sem perda de tempo, ganhou o leito do rio.

Sousa assistiu ao último ato da vida do Barão, boquiaberto, comovido, não querendo crer na cena horrível que presenciara. Não estava acostumado a presenciar o mal e o ódio, o crime e a traição, e aquele quadro terrível o chocara profundamente. Procurou o olhar de Salvius que, como sempre, estava firme a tudo assistindo com a maior naturalidade.

– Eis aí, Sousa – disse Salvius – a que leva o ódio e o crime. Eis o fim de um homem que veio ao mundo para ajudar esta pobre gente, e a manteve sob a chibatada sem lhe dar trégua. Pobre Espírito! Eu o vi quando veio cheio de esperanças e de promessas renascer entre os homens, para sair da vida assim, e sem ter conquistado o amor de ninguém, embora tivesse ao seu lado alguém que muito o amava!

Sousa pediu a Salvius para que saíssem dali, pois a cena fora violenta demais, e o perturbara muito. O mentor o atendeu e, quando iam saindo, Salústio vinha para a frente da turma, que ainda não tinha saído da surpresa e do choque e falou, para controlá-la:

— Meus irmãos! O que aconteceu aqui, e está acontecendo aí fora, pode ser a sentença de morte de nós todos, como pode ser também, se nos controlarmos, a perspectiva de uma vida melhor. Ninguém se mova daqui. Peço aos mais responsáveis que não deixem ninguém sair. Vamos aguardar mais algum tempo, em completo silêncio, imóveis cada um no seu lugar.

A palavra de Salústio era firme, decidida, e os negros que, normalmente, o ouviam, obedeceram prontamente. Salústio esperava apenas a volta de Benedito, para se inteirar da situação lá fora.

Benedito continuava tocaiado atrás de um cafeeiro, e quando o guarda passou, repetiu-se a cena anterior. Um tiro certeiro na orelha esquerda, o baque de um corpo contorcendo-se no chão, e, em alguns minutos, mais um cadáver. Só que agora nem se deu ao trabalho de arrastar o guarda para fora do caminho. Deixou-o ali mesmo, levando-lhe as armas.

Num instante, chegou à senzala e encostou-se junto à janela para se inteirar da situação. Mal foi ouvido, informaram-lhe que o Barão estava morto e não havia mais nenhum guarda na senzala. Diante disso, rumou para a porta e entrou, parando assustado diante do cadáver do Barão, cujo crânio ainda permanecia esmigalhado sob a pesada pedra.

Benedito informou a Salústio que tinha morto os dois guardas. O velho, então, tomou decididamente a liderança. Ergueu a voz e falou firme:

— Meus irmãos, neste momento esta fazenda está sob nosso controle, mas nenhum de nós vai fazer qualquer mal além do que já foi feito. Ninguém também vai fugir. O destino em algumas horas arrasou com os nossos algozes e talvez nos reserve horas de felicidade aqui mesmo, nesta fazenda. Enquanto todos permanecerão aqui, eu e mais alguns irmãos iremos levar D. Margarida, que nunca nos fez mal, até a fazenda dos Sousas, e pediremos a eles que assumam o controle da fazenda, até que se decida o que se vai fazer. Ninguém sabe quem matou. Ninguém dirá o nome dos irmãos que tiveram a coragem de arriscar sua vida para acabar com os inimigos. Se quiserem punir, morreremos todos, se for preciso. Nossa boca não falará nada que possa prejudicar a qualquer um. Entenderam? Vocês aceitam estas condições? Eu garanto a vocês que tudo correrá bem.

— Assim nós faremos, Salústio — gritou um dos negros.

— Assim nós faremos — repetiu a multidão, quase a uma só voz.

Salústio saiu da senzala, acompanhado por mais quatro companheiros, dirigindo-se para a casa grande, onde acordou a escrava que servia a D. Margarida, e pediu que a despertasse e trocasse de roupa. Em alguns minutos, D. Margarida veio para a sala, onde estava o grupo.

– Patroazinha – disse Salústio, comovido –, o Barão acaba de sofrer um acidente fatal e gostaríamos que a senhora não o visse agora. Achamos perigosa a sua permanência aqui. Lá fora, tem uma carruagem pronta para levá-la até a fazenda dos Sousas, onde a senhora estará em segurança. Nós iremos juntos e a protegeremos. Pelo amor de Deus, senhora, não insista para que seja de outro modo, estamos fazendo o melhor para não magoá-la mais nem feri-la.

D. Margarida estava imóvel, petrificada, ouvindo aquele negro falar dessa maneira enigmática. Entendera que o Barão morrera, e se assim era, como poderia deixar a fazenda sem vê-lo? Embora lhe passassem esses pensamentos pela cabeça, ela estava impossibilitada de fazer qualquer coisa, de falar, de reagir. Tinha a impressão de que sofrera uma paralisia e que ia perdendo a consciência. Até que caiu desmaiada.

– Melhor assim – disse Salústio – mandando que a tomassem nos braços, e a levassem para o carro.

– Entrem pela entrada principal e gritem, se anunciando, porque a fazenda está guardada por homens armados. Não se arrisquem – aconselhou Benedito.

Salústio e mais um companheiro subiram no carro e tocaram para a fazenda vizinha.

Salvius e Sousa iam atrás.

– Veja bem – disse Salvius, aproveitando o acontecimento – esses homens escravizados, supliciados, poderiam saquear o resto, fugir, fazer o que quisessem.

No entanto, aí estão, controlados, transportando D. Margarida que se não lhes fez mal, não lhes fez bem, para deixá-la garantida, e vão buscar Francisco para tomar as rédeas da fazenda, um exemplo de disciplina contrastante com as violências destas últimas horas. Acontece que eles são espíritos sofridos, que guardam um grau de consciência relativo das suas provações e, se vivem ainda, é porque crêem no futuro e na Justiça Divina. Cinco homens que foram violentamente expulsos deste mundo, hoje, em poucas horas eram a fonte de tantos sofrimentos, para tanta gente. Você vai ver que eliminada a fonte do mal, o bem chegará naturalmente, como solução para todos.

— A gente poderia concluir com isso que as fontes do mal devem ser eliminadas e justificar assim a execução de todo homem mau? — obtemperou Sousa.

— Não, eu não disse isso, amigo — explicou Salvius —. Esses homens procuraram a morte, forçaram a morte. O mal se elimina por si mesmo, sem que ninguém se erija em justificador. Vai criando os germes da própria destruição, até que não pode mais contê-los. Não estou louvando os assassinos desta noite. Absolutamente. Cada um responderá pelos seus atos, embora desse mal, desses crimes, possa resultar benefícios para centenas de pessoas. Eles também não mataram por prazer, mas porque preferiam viver. De qualquer forma, a consciência de cada um, e não nós, os julgará e, não tenha dúvida, os culpados pagarão até o último ceitil.

A carruagem alcançou a entrada da fazenda. Os guardas logo adiante puseram-se de sobreaviso. Salústio desceu do carro e gritou:

## SENZALA

— Sou eu, Salústio, escravo do Barão Macedo! Estou trazendo D. Margarida, que está desacordada, e preciso falar com o Sr. Francisco. Por favor, deixem-nos entrar!

Os guardas desceram cautelosamente, e vendo a dama desmaiada e os dois escravos que conheciam, deixaram o carro entrar, e o escoltaram até a casa grande. Chamaram Romualdo, Francisco e D. Maria Cristina. Sem muita perda de tempo, em alguns instantes, D. Margarida estava acomodada na cama, um dos negros foi despachado para a cidade para trazer o Dr. Fernando e Alberto, e Francisco, que se inteirara ligeiramente da situação, depois dessas providências, sentou-se com Romualdo, Salústio e o companheiro para ouvir, com calma, o que tinha ocorrido, enquanto D. Maria Cristina cuidava de D. Margarida.

— Ah! — suspirou Francisco, que se abalou com a narrativa dolorosa — foi por isso que os capatazes do Barão entraram em nossas terras e acabaram sendo mortos. Se tivessem se explicado, ao invés de sacarem as armas, talvez não tivessem tido aquele triste fim.

— Como eu lhe disse, "seu" Francisco — prosseguiu Salústio, respeitoso —, nós decidimos pedir ao senhor que assuma a direção da fazenda, com alguns homens seus, até que D. Margarida possa resolver o que fazer, pois, pobrezinha, não conhece nenhum dos mínimos problemas, uma vez que o Barão os resolvia sempre sozinho e à sua moda. Nós o obedeceremos inteiramente. O que aconteceu estava na força das coisas. não pudemos evitar, e acreditamos que foi Deus quem quis assim. Agora só nos resta esperar e implorar sua ajuda. D. Margarida está aqui, e o senhor poderá dizer que está lá em nome dela, para cuidar dos seus interesses. Os escravos não lhe darão trabalho. Cumpriremos nosso dever com amor, e tudo faremos para que haja paz naquela terra, que temos molhado com nossas lágrimas, mas que amamos. O senhor vai nos atender, "seu" Francisco? – perguntou Salústio cheio de esperanças, com o olhar fixado no olhar generoso do jovem fazendeiro.

– Vamos aguardar meu irmão e o Dr. Fernando – respondeu o rapaz, com bondade e firmeza. Depois falaremos com D. Margarida, e resolveremos da melhor maneira possível. Se ela achar que devo ajudá-la, terei o maior prazer disso, pode crer. Pelo que você me disse, os escravos estão calmos e dispostos a esperar. Assim, podemos tomar, com segurança e compreensão, as providências necessárias.

– Romualdo! – chamou o rapaz, depois de uma pequena pausa – leve nossos amigos a conhecerem a fazenda e o pessoal. Tão logo tenhamos uma orientação, eu os chamarei.

E lá se foram os negros para satisfazerem um dos desejos que agasalharam durante anos: conhecer a situação dos pretos na fazenda dos Sousas, da qual se falavam maravilhas.

o

Na sala de visitas, finamente mobiliada, da casa do Dr. Fernando, este conversava com Alberto sobre assuntos sem muita importância, mas na mais franca camaradagem, completamente descontraído. Alberto tinha uma boa aparência, e se os problemas da fazenda ainda o afligiam, ele o dissimulava francamente, porquanto, em sua expressão, não havia sinais reveladores de preocupações sérias. Evidente, Dr. Fernando tinha alcançado sucessos em sua tarefa de aliviar a consciência do amigo quanto ao evento doloroso que o marcara profundamente.

A conversa assim ia despreocupada, quando uma serviçal da casa veio informar que o Dr. Fernando estava sendo procurado à porta. O médico, cauteloso, havia instruído os servidores da casa que, no caso de alguma notícia da fazenda, não a mencionasse na frente de Alberto, dizendo apenas que "estava sendo procurado à porta". Com isso ele já saberia, de antemão, como proceder. Sem afetar qualquer preocupação, pediu licença a Alberto, alegando que voltaria dentro de alguns instantes.

À porta, inteirou-se do pedido urgente de Francisco, da presença de D. Margarida na fazenda, e da morte do Barão Macedo, sem mais pormenores, uma vez que, ao ser despedida a condução, Salústio ainda não havia relatado a marcha dos acontecimentos e suas consequências.

Enquanto voltava para o interior da residência, certificou-se de que não lhe restava outra alternativa senão pôr Alberto a par de toda a situação, ao mesmo tempo que lhe iria esclarecendo quanto às responsabilidades de cada ato, a fim de que o jovem não encampasse as consequências daquela sucessão de acontecimentos, cujos últimos lances ele desconhecia.

— Alberto — disse ele, ao penetrar a sala –, Francisco está me chamando com urgência na fazenda para atender uma doente. Não vejo inconveniente em que você venha comigo, aliás, preciso conversar com você durante a viagem. Vamos, enquanto preparo meus instrumentos, arrume suas coisas, pois o carro da fazenda está aí fora, à nossa espera.

— Vou para ficar? — perguntou o jovem que, dada a tranquilidade do médico, não percebeu nada quanto à necessidade da sua ida à fazenda.

— Sim, acho que você já está fortalecido para continuar com o seu trabalho. Ademais, esta boa vida pode fazer de você um vadio... — gracejou o facultativo, para despreocupá-lo mais.

Em poucos minutos, estavam os dois se acomodando na carruagem rumo à fazenda.

Mal tinham saído, o médico resolveu enfrentar o problema, desde logo.

— Sabe, Alberto — disse calmamente —, ontem pela manhã, Francisco esteve aqui na cidade e me procurou no consultório. Ele queria vê-lo, e eu não permiti. Veio porque "tio" Henrique tinha sido assassinado e queria conversar com você sobre a conveniência de comprar armas, a fim de montar uma guarda na fazenda. Em seu nome, endossei a providência e ele se foi. Perdoe-me, porém, achei que a notícia da morte de Henrique poderia abalar você se dada sem o devido cuidado, e estava aguardando uma oportunidade para isso.

Alberto emocionou-se pensando na situação do jovem irmão, enfrentando tantos problemas e na fragilidade e ternura do velho Henrique, e isso podia ser afirmado pela presença de algumas lágrimas que se lhe desprendiam dos olhos.

— Isso vem provar — continuou Fernando, depois de uma pequena pausa para sentir a reação do amigo — que você não pode se culpar por nada do que aconteceu naquela noite, posto que a fonte gera-

## SENZALA

dora de todo o mal estava fora de você, independente do seu controle e da sua vontade. O Barão Macedo é um doente mental e gente dessa espécie, nessa situação, não mede consequências, nem conhece sacrifícios para concretizar seus planos doentios. Prova maior de que o desencadeamento daquelas forças do mal não dependeu de você, da sua decisão, é que hoje, e essa é a notícia que acabei de receber, o Barão Macedo foi assassinado por um dos seus escravos, e D. Margarida está na fazenda, talvez em estado de choque, esperando os meus cuidados médicos.

O jovem acompanhava aquelas revelações profundamente surpreendido, como se lhe contassem um conto fantástico. Sobressaltou-se com a morte de Henrique, acalmou-se com as consolações do médico, mas a notícia da morte do Barão, embora não lhe agradasse no aspecto humanitário, relaxou-lhe as apreensões, uma vez que talvez isso viesse a resolver toda a situação. Olhou para o amigo e vendo que o médico esperava um pronunciamento do doente para um novo diagnóstico, falou com toda a calma que lhe foi possível arregimentar:

— Esta vida é uma escola na qual quanto mais se vive, mais se aprende. Achava que o bem sempre deveria vencer o mal e chegou um momento, em minha vida, em que presenciei o mal aparentemente vencendo o bem. Isso me perturbou profundamente, porque a minha posição filosófica de perpétua prevalência do bem sobre o mal, sofrera um impacto muito forte. Mas nestes dias, tenho meditado. Eu não sou o bem. Sou um simples mortal que elegeu o bem por norma de vida e, quando chamado a me manifestar, optando pelo mal menor, que para mim era um bem diante das circunstâncias, vi, com pesar, as consequencias resultarem num mal maior do que aquele que meu entendimento ainda aceitava como sendo bem. Ocorre, meu amigo, que acabei compreendendo não podermos nos responsabilizar pelo que os outros fazem além dos limites das nossas decisões, como estou entendendo que cada homem, com seus pensamentos e atos, apenas semeia, sendo a colheita fruto do tempo e da vida. Por isso, não sei se você percebeu, estou bem mais calmo, e essas notícias não me transtornaram, embora me tocassem a emotividade. Você disse bem: o mal caminha por si mesmo e, pelo que pressinto, por si mesmo se destrói – finalizou o moço, tranquilamente, olhando o médico e amigo que não cabia em si de contentamento, diante daquela manifestação que lhe representava uma cura radical, quanto às emoções descontroladas que Alberto experimentara e que haviam, de fato, calado fundo no seu espírito.

— Otimo, Alberto! exclamou o médico num sorriso de alegria. Você nem pode imaginar o quanto me tranquilizou, uma vez que a situação que vamos encontrar não me parece muito clara, envolvendo uma sequência de acontecimentos desagradáveis.

— Fique tranquilo – atalhou Alberto, batendo-lhe a mão de leve sobre o joelho – estou preparado para o que der e vier.

O carro caminhava célere, puxado nervosamente pelos animais, que o cocheiro constantemente açulava.

o

Na casa grande, Francisco e D. Maria Cristina mantinham-se na expectativa da chegada do Dr. Fernando, estando ainda D. Margarida desacordada.

— Salvius — confessou Sousa ao amigo espiritual que, juntamente com ele, se mantinha ali — há algumas horas atrás eu nem suspeitava que os acontecimentos iriam evoluir para este desfecho surpreendente. Imagine você, o Barão que sempre quis mandar nas minhas terras, nos meus homens, deixa seu lugar para que meu filho Francisco, pelo menos provisoriamente, vá mandar na sua fazenda. Além de tudo, um menino, aliás, um menino para cujos ombros as responsabilidades estão chegando muito cedo.

— Sousa, meu amigo — disse Salvius, bondoso —, este mundo não está ao léu, ao "Deus dará", como se diz por aí. Nem a própria Natureza está abandonada: quando suas forças naturais chegam a um ponto de desequilíbrio, ela se auto-corrige, como por exemplo, com a atmosfera que quando chega a um ponto de saturação eletrostática, em razão do acúmulo e concentração de vapor d'água na proximidade da superfície da crosta, descarrega seus elevados potenciais em raios violentíssimos que podem inclusive destruir pessoas e coisas materiais, e deixa derramar-se em chuva, embora algumas vezes em forma de tempestade também destruidoras, mas passados esses momentos de perturbação natural dos elementos, tudo volta à calma, a atmosfera perfeitamente renovada, sem qualquer perigo para os seres que lhes retiram os elementos vivificantes. Espiritualmente falando, estas duas comunidades estavam ameaçadas pelas nuvens de ódio, de revolta e de violência, desencadeada e alimentada pelo Barão e seus sequazes. O ambiente saturado gerou forças de correção que se desencadearam, reagindo na eliminação dos focos de perturbação. Um processo natural que bem justifica o velho adágio: quem semeia ventos, colhe tempestades. Quanto à problemática dos Espíritos encarnados nestas duas comunidades, orientadores do plano espiritual estão atentos ao interesse coletivo, e sem dizer que estimularam as reações naturais, deixaram que elas se processassem para o reequilíbrio geral. Certo que, se os mentores espirituais o quisessem, tudo isso poderia ser dificultado ou obstado pela sua interferência uma vez que o interesse coletivo prevalece sobre o interesse individual. Mas, justamente porque o interesse coletivo está sendo beneficiado pela restauração da normalidade e da felicidade geral, tudo aconteceu como estava na força das coisas. Já lhe disse anteriormente, que a ninguém é lícito interferir nas decisões de um Espírito, contudo, lhe disse também que, na reencarnação, o interesse de cada Espírito se subordina ao interesse do grupo em que renasce, cujo programa geral tem prioridade. Vemos, então, de um lado o que poderíamos chamar a força das coisas e do outro lado a Providência Divina, ambas funcionando de forma a manter a vida e os programas comunitários de natureza espiritual em níveis de normalidade ou de limites permissíveis. Você não se admirou da rápida sucessão dos acontecimentos e da ironia de tudo cair nas mãos de Francisco? – perguntou o mentor a Sousa, que acompanhava a explanação, aprendendo novas maneiras de encarar as coisas.

– Sim – confirmou Sousa, prontamente.

– Pois bem – continuou Salvius –, eu lhe digo que quando os primeiros grupos dos Espíritos que compõem esta comunidade começaram a reencarnar, não aceitaram enfrentar suas provações apenas confiantes nas promessas do Barão Macedo, que devia conviver com pessoas contra as quais alimentara ódio implacável durante séculos, mas também em razão da presença do Coronel Sousa e dos seus familiares, principalmente, entre estes, da presença de Francisco. Esse jovem que você mesmo considera despreparado, e que todos olham como um menino, é um Espírito sublimado, de peregrinas virtudes, que aprendeu na luta e na disciplina a ser o que é. Sua mente vigorosa alcança os problemas além do lugar comum, por isso é capaz de julgar uma situação rapidamente, com segurança e justiça, como poucos o fariam. Seu Espírito inquebrantável é uma garantia autêntica para estas duas comunidades que lhe respeitarão e o amarão como você ainda não pode imaginar. Ele aprendeu muito com você, mas você terá que aprender ainda muito com ele. Você foi o que foi, cumpriu sua tarefa, viveu dignamente, fez muito além do que os outros fazem em matéria de humanidade, mas fez tudo dentro dos limites de suas cercas divisórias. Francisco é um Espírito que fará tudo isso e que lutará para que tudo isso seja uma realidade neste País extraordinário onde se plantarão bases sólidas do Evangelho. Será um dos paladinos da Abolição da escravatura. Prodigalizará seu dinheiro, sua inteligência, sua atuação, para que todos sejam iguais perante a lei, como todos são iguais perante Deus.

Sousa ouvia tudo aquilo embevecido, orgulhoso da personalidade do seu filho querido, seu melhor companheiro na Terra, e nunca duvidara que ele tudo faria pelo seu semelhante, seria um continuador do seu trabalho e protetor dos seus servidores.

— Mas — continuou Salvius, depois de dar uma pausa para que Sousa se integrasse nas vibrações do assunto –, como eu dizia, as coisas estavam dispostas de tal forma que, em dado momento, se o Barão Macedo resolvesse tomar esta propriedade pela força, ele seria esmagado em minutos, pelos seus próprios cativos e pelos que serviam a você, justamente porque você era, e seu filho o é, agora, a maior garantia do sucesso da experiência física de toda essa comunidade. A prova disso você a teve nas últimas horas, quando dois cativos, da senzala do próprio Barão, com suas reações mudaram completamente o cenário e a sorte de centenas de pessoas. Cada homem, meu amigo, guarda nos arquivos do subconsciente as linhas mestras do seu programa reencarnatório, como também, a maioria, nos momentos do desprendimento pelo sono, convive com o plano espiritual e desperta com orientações sobre o dia-a-dia. Por essa razão, ninguém engana ninguém, e cada um suporta esta ou aquela prova com maior resignação, porque sabe sobre a sua necessidade, embora de uma forma inconsciente. Se você estivesse encarnado, os cativos do Barão Macedo, imediatamente, reclamariam sua· presença e proteção, porque na ordem natural estaria você como solução do problema do grupo. Contudo, como você desencarnou, imediatamente lembraram e pediram a presença de Francisco. Por que não a de Alberto? Por que Alberto não tem essa responsabilidade cármica? A ele estão reservados outros caminhos, outras tarefas também importantes, no terreno humanitário da abolição da escravatura, em nível político. O mais natural, para aqueles cativos que só conheciam o Coronel Sousa, a sua bondade e justiça, era reclamar um homem formado, mais velho; no entanto, imediatamente, sem que ninguém lhes sugerisse, inclinaram-se para Francisco. Sabe por quê? Porque como Espíritos eles estão profundamente ligados a Francisco, e seu nome brotou naturalmente em seus lábios, uma vez que o momento requisitou socorro aos depósitos do subconsciente. Você vai ver como ele vai se impor, quanto o irão amar e servir. Cada dia mais, porque Espírito desse quilate quanto mais o exalçam, mais ele se apequena para ser o servidor de todos. Quando um Espírito alcança esse grau de humildade, não há sedução, neste mundo, que o submeta. Se você tem algum temor pelo futuro de toda essa gente, pode se tranquilizar, definitivamente. Tudo agora será paz, trabalho e progresso.

E abraçando Sousa, que continuava profundamente comovido, convidou-o a assistir D. Margarida, dirigindo-se ambos para os aposentos, onde a dama tinha sido confortavelmente instalada.

o

Quando Romualdo saiu da casa grande, acompanhado de Salústio e seu companheiro, guiou-se através dos terreiros de café até o grande pátio da colônia, onde um grupo conversava. Fez as apresentações, e pediu que chamassem os outros, pois Salústio tinha grandes novidades a contar. Num instante, uma grande multidão rodeava Romualdo e Salústio, que se mantinham sentados na mureta enquanto os demais se acomodavam, sobre a grama do pátio. Salústio não só contou os lances das lutas travadas naquela noite, como relatou as condições em que viviam, os maus tratos que recebiam, o que às vezes faziam com que invejassem os próprios animais da fazenda, aos quais se dispensava maior atenção e carinho. Sua narrativa era dolorosa, pungente, quando relatava episódios vivos de suplícios físicos e morais. A multidão se comovia e chorava, como se todos aqueles entes sofredores fossem seus parentes mais próximos, como se estivessem ligados a ele de maneira profunda. Não imaginavam que pudessem ser tantos, e· de tal natureza, os padecimentos a que estavam sujeitos os escravos, urna vez que ali tudo era paz, respeito, amor. Antônio, que de certa forma guardava uma mágoa contra Alberto, que deixara desencadear-se o desastre que destruíra seu lar e seus entes queridos, pesava no coração todos os benefícios que haviam recebido, todo o respeito que lhes deram sem o deverem e naqueles momentos de análise apagou de vez essa mágoa. E, como que para se penitenciar, levantou-se e pediu a Romualdo que mostrassem aos visitantes os lares da fazenda e contassem a eles como era a vida que viviam, para que levassem aos irmãos da fazenda próxima o consolo daquela comunidade, e a esperança do que seria, se o "seu" Francisco viesse a dirigir a fazenda.

E assim foi feito. Salústio e o companheiro entraram de casa em casa, ouviram o depoimento de muitas pessoas, viram as famílias reunidas em lares respeitáveis, as pessoas bem vestidas, as crianças em escolas, a limpeza das pessoas e das casas, a ordem, o amor que todos tinham por todos e por uma a uma das coisas. Estavam maravilhados, tinham a impressão de que estavam num paraíso reservado aos escravos, onde os seus sonhos se realizam e seus padecimentos se extinguem. Não tinham. inveja, mas uma alegria que crescia a cada instante, porque eles tinham a certeza de que Deus lhes mandara procurar Francisco para lhes dar tudo aquilo. Até que chegaram na casa que fora ocupada pelo "tio" Henrique, onde ele mesmo, em Espírito, estava acompanhado de Sousa e Salvius, que, à sua chegada, o seguiram; a multidão quedou-se em respeitoso silêncio, enquanto Salústio e outras pessoas,

## SENZALA

que cabiam na pequena habitação, entraram. Tudo estava intacto; a enxada, o velho chapéu e todos os demais pertences do velho amigo. Dava a impressão que tinham penetrado em um templo.

– Aqui – falou Romualdo em voz embargada –, morava o "tio" Henrique, nosso líder e benfeitor, nosso conselheiro nos momentos mais difíceis, aquele que conseguiu tudo o que temos, porque foi o seu Espírito poderoso que ensinou as luzes da sabedoria e do amor ao Coronel Sousa, e aos seus familiares. Foi ele quem nos ensinou a aceitar a vida como ela é, com a maior alegria possível, garantindo-nos que ninguém é tão feliz como nós, o que vocês provaram hoje. Para nós, ele está aqui, muito vivo, e quando qualquer um quer consolo ou um conselho, ainda vem aqui procurá-lo e sai confortado e esclarecido por seu Espírito, que fala dentro dos nossos corações. Foi rei de seu povo, antes de ser apresado para o cativeiro, e, como escravo, mantinha a sua posição, reinando sobre os nossos corações, com a sua autoridade superior, sua bondade e justiça inigualáveis.

"Tio" Henrique, Sousa e Salvius, a tudo ouviam emocionados. Visto do plano espiritual, o local estava feericamente iluminado pela luz que emanava de todos os corações. As vibrações do ambiente eram indescritíveis: um oceano de luz, de paz, de esperança e de felicidade.

Nesse instante, "tio" Henrique fez um sinal a Salvius, que passou a recolher dos presentes, colocados em profunda meditação e oração, material de suas emanações, formando como uma grande estátua de algodão, sem forma definida à frente de todos, num espaço de alguns metros que ficara entre a vanguarda dos homens e a parede. Para surpresa de Sousa, que não esperava o fenômeno, o Espírito de "tio" Henrique internou-se naquela forma de matéria semelhante ao algodão que começou a tomar a sua forma, ante o espanto dos homens que caíram de joelhos, uma vez que o Espírito do grande amigo e benfeitor se materializava, diante deles, envolto por uma luz repousante que se irradiava sobre todos.

— Meus filhos! — disse Henrique, materializado àquela gente que o adorava e lhe tributava um culto além do imaginável. Deus me permitiu voltar das cinzas do túmulo para dizer que amo a todos, profundamente, e para pedir que não substituam, por este pobre Espírito, a presença de Jesus e de Deus nosso pai, em seus corações. Este pobre preto velho é como vocês todos, um Espírito ignorante e devedor que nada pode por si mesmo, e que só é alguma coisa com a ajuda da misericórdia de Deus. Venho dizer também que Juvenal, Maria e Ismália são felizes na vida espiritual, e todos nós pedimos que perdoem a todos, mesmo os que já morreram, porque tudo acontece na vida por força da própria vida, e tudo está dentro das leis de Deus. Daqui para a frente, meus filhos, a vida será mais fácil para vocês, desde que sejam humildes e não abriguem no coração o monstro da revolta e da inveja, e cada um receba o que Deus lhe dá, por intermédio dos homens, como o que merece e necessita. A felicidade não é ter poder, nem vadiar, nem gozar os prazeres deste mundo: a felicidade é ter a consciência tranquila do dever cumprido com amor. Só o amor importa, meus filhos, e enquanto ele morar em nossos corações, nem dores nem trevas perturbarão nossa paz, porque ele é caridoso e perdoa, ajuda, suporta, compreende e acima de tudo, nos faz cada vez melhores

## SENZALA

diante da vida e diante de Deus. Eu não pude despedir-me de vocês, em minha partida. Faço-o agora, beijando a todos com o coração agradecido por tudo que fizeram por mim, pelo amor que me tributaram, pelo socorro que deram ao meu pobre espírito ignorante e sofredor. Que Deus os abençoe!

E a sua figura radiosa foi se apagando, apagando, até se extinguir.

No plano espiritual, Henrique abraçava comovido a Salvius e Sousa, agradecendo ao mentor pela sua colaboração decisiva na ocorrência. Conquanto imensamente feliz por abraçar o amigo e presenciar o fenômeno extraordinário a que assistia pela primeira vez, Sousa não atinava o motivo pelo qual lhe fora ocultado até a hora derradeira. Veio Salvius ao seu encontro:

— Sousa, — disse com afeto — eu nada revelei a você, porque a realização desse fenômeno dependia das circunstâncias. Ele já estava programado para um momento oportuno, e esse momento surgiu de inopino. Perdoe-me.

Sousa compreendeu e abraçou o mentor, em muda aprovação.

No plano físico, a multidão, ainda envolvida pelas fortes vibrações daquele encontro, chorava de alegria e orava a Deus, agradecendo a presença do amigo que voltara do túmulo para lhes confirmar todos os ensinamentos que lhes dera acerca da vida futura, concitando-os a suportarem as provas como medidas necessárias ao aprimoramento de cada um e ao resgate de pesadas dívidas do passado. Sim, o amigo agora lhes provara que a vida não acaba com a morte e, tendo sido ele um escravo, isso não impediu que surgisse entre os homens vestido de tanta luz.

O velho Salústio, que acreditava na sobrevivência do Espírito e na reencarnação, e foi por isso que sempre guiou seguramente os cativos que o cercavam, estava deslumbrado diante da visão de Henrique. Antes, ele acreditava no espírito, agora tinha certeza. A prova fora por demais convincente, presenciada por uma multidão que viu e ouviu. Aquela cena, aquele fenômeno ia mudar tudo: nenhum dos escravos daquelas duas fazendas poderia se sentir inferior, humilhado, injustiçado. Tudo na vida, em verdade, estava sob a vontade de Deus.

Quando a multidão saiu do êxtase, da comoção daqueles instantes de suprema felicidade, todos se abraçavam, como se cada um sentisse que cada um estava muito' feliz, e haviam recebido um prêmio inestimável da misericórdia de Jesus.

Romualdo convidou Antônio, Salústio e Pedro, seu companheiro, para juntos irem contar o acontecido ao patrão.

o

Tão logo chegaram à fazenda, Fernando e Alberto reuniram-se a Francisco e D. Maria Cristina, ouvindo a narrativa do rapaz sobre todos os acontecimentos a partir do rapto de Henrique, até aquele momento.

O Dr. Fernando fez questão de ouvir toda a história, antes de examinar e medicar D. Margarida. A pobre mulher estava sob o efeito do choque emocional.

## SENZALA

Dirigiu-se ao quarto, examinou-lhe o coração, as reações motoras, e verificou que seu estado geral era bom, abstendo-se de dar-lhe qualquer medicamento, convencido de que ela despertaria por si, valendo-lhe, para suportar a situação, o repouso prolongado.

Sentaram-se ao redor da cama, e aguardaram. De fato, não passara meia hora e D. Margarida, movendo-se abriu os olhos, admirando-se do lugar em que se encontrava.

Dr. Fernando tomou a dianteira, para as primeiras explicações.

— A senhora, D. Margarida — explicou mansamente — foi trazida por seus serviçais aqui para a casa de D. Maria Cristina, em virtude da situação que se criou na sua fazenda.

— É verdade — atalhou a matrona angustiada —, meu marido foi morto por um escravo. Deus sabe o que faz. Talvez tenha sido melhor assim, porque ele não estava mais em seu estado normal. Dizia e fazia coisas horríveis, talvez influenciado pela maldade daqueles homens que o serviam. Hoje ele teve uma crise terrível de ódio. Gritava, esmurrava a mesa, as paredes, e a custo consegui acalmá-lo. Mas eu percebi que ele não estava bem. Pobre Macedo! — suspirou a senhora, agora mais calma e conformada.

— Eu acho que a senhora deve permanecer aqui — falou convicto o facultativo — longe daquele ambiente e junto destes amigos fidalgos que farão com que a senhora se sinta em casa. Não lhe aconselho nem mesmo a ver o corpo de seu marido. Guarde a sua lembrança viva, fixe a do melhor momento da vida de vocês dois, e seja essa lembrança a que lhe trará sempre à memória a presença do seu marido. Na verdade, D. Margarida, digo isto porque seu rosto está desfigurado e a senhora não deve vê-lo para que não lhe perturbe o futuro.

D. Margarida olhava o médico, abanando a cabeça recostada no travesseiro, em sinais de aprovação. Aceitara a sugestão.

– Ademais, todos os capatazes da fazenda também estão mortos. Os negros estão em perfeita ordem e foram eles que a trouxeram para cá, a fim de que a senhora não sofresse por demais – continuou o médico. Se a senhora o permitir, Francisco e alguns dos seus homens tomarão conta da fazenda, até que decida o que fazer.

D. Margarida tomou as mãos de D. Maria Cristina, e falou comovida:

– Maria Cristina! Todo o ódio de meu marido se derramava sobre vocês. Ele os fez sofrer muito, eu sei. Peço perdão por ele, porque não estava em juízo perfeito. Agradeço-lhe a generosidade desta acolhida, e aceito o convite para ficar aqui.

– Alberto, meu filho – disse D. Margarida, voltando-se para ele –, perdoe-nos pela humilhação que meu marido impôs a você, cujo coração generoso não sabia medir a extensão da maldade.

Alberto afagou-lhe as mãos, em sinal de amizade e de compreensão, e a senhora voltou-se para Francisco. Nesse instante, entraram Henrique, Salvius e Sousa, que se postaram no ambiente, na expectativa dos fatos que deveriam ocorrer.

## SENZALA

— Entrego em suas mãos, meu filho, a nossa fazenda. Cuide dela como se fosse sua, e trate aqueles pobres cativos como vocês tratam os que servem nesta propriedade. Pode planejar as mudanças que devam ser feitas e fazer. Temos muito dinheiro e podemos distribuir o necessário para mudar as condições de vida daquela pobre gente, que o ganha com suor e sangue.

A dama que segurava as mãos de Francisco, puxou-as junto aos lábios e beijou-as reverentes, numa atitude estranha para todos, menos para os Espíritos presentes.

— Não sei, meu filho — continuou —, mas meu coração me diz que você será a salvação de nós todos, daquela pobre gente e do futuro daquelas terras. Beijei suas mãos por isso e porque vejo nos seus olhos uma superioridade que eu sempre sonhei para um filho, se o tivesse.

Francisco não resistiu ao gesto carinhoso e, comovido, beijou-lhe muitas vezes as faces pálidas pelas últimas emoções. Os presentes se enterneceram. Sousa buscou o olhar de Salvius para uma explicação.

— Para lhe explicar esse gesto, seria preciso contar-lhe uma longa história do passado. Os nossos amigos, naturalmente, vão comentar que a senhora deve estar perturbada, pois raras vezes viu Francisco. Mas na verdade, há um drama do pretérito reavivado nesse beijo e nessas lágrimas. São laços profundos que emergem nesses momentos de emoção e ternura. Se houver oportunidade, e for útil ao seu aprendizado, eu contarei a você essa antiga ligação — disse o instrutor, esclarecendo a Sousa.

Fernando, Alberto e Francisco retiraram-se do quarto, deixando as duas senhoras em palestra consoladora.

– Bem – disse Francisco, resoluto –, precisamos tomar as providências necessárias lá na fazenda do Barão. Recolher os corpos e dar-lhes sepultamento, assim como nos entendermos com os cativos. Acho bom o Dr. Fernando vir conosco, para as providências mais sérias.

Estavam saindo da casa grande, ao encontro de Salústio e Romualdo, quando estes chegavam com uma pequena multidão.

Romualdo tomou a dianteira e relatou-lhe fielmente o fenômeno e as palavras ditas por "tio" Henrique. Francisco ouvia-o, enternecido. Acreditava integralmente em tudo aquilo, que o preto velho já lhe havia ensinado, e, enquanto ouvia, mentalizava-o, e este, que estava abraçado a ele devia aparecer-lhe nas telas da imaginação com uma clareza absoluta. Eram muitas testemunhas e talvez também pelo envolvimento das vibrações, nem Alberto, nem Fernando, duvidaram do fenômeno. O certo é que todos se alegraram, e lamentaram não o terem presenciado, felicitando os que o viram, pelo momento de rara felicidade.

Quando o entusiasmo se amainou, e Salústio transmitira suas impressões da fazenda a Alberto e Francisco felicitando-os, Francisco, acompanhado de Romualdo e do médico, rumou para a fazenda do Barão, enquanto Alberto ficava para atender às senhoras.

Os três amigos espirituais, muito felizes com tudo, também seguiram no mesmo rumo.

# XI

## OS CAMINHOS DA FELICIDADE

Na fazenda do Barão Macedo, desde que Salústio saíra, os pretos conservavam-se dentro da senzala, quietos, na expectativa do que estava por acontecer. Não tinham medo. Muitos oravam, pedindo a Deus para que no lugar daqueles homens maus que morreram viesse gente boa, que lhes respeitassem um pouco mais. Alguns, mais imaginativos, ficavam levantando hipóteses sobre possíveis caminhos que D. Margarida poderia tomar. De uma coisa estavam certos: D. Margarida não lhes faria mal, e isso, possivelmente, era o que os mantinham calmos e otimistas.

O Barão estava no mesmo lugar, como foi deixado.

Quando se fizeram ouvir os ruídos da carruagem chegando e, depois, de gente falando e se dirigindo para a senzala, os negros se aquietaram de uma vez, caindo um grande silêncio sobre o ambiente.

De repente, entraram Salústio, Romualdo e, atrás deles, o Dr. Fernando e Francisco. O trio visitante estacou à porta diante do quadro horrível do Barão morto. A cena, era de fato, tocante e constrangedora e, por mais perverso que ele tenha sido, ninguém lhe aprovava aquela morte tão violenta. Vencidos os primeiros momentos de emoção, o grupo chegou até o cadáver, e Salústio mandou erguer a pedra. Foi aí que a dramaticidade do quadro se ampliou, sobremaneira. A cabeça do velho Barão tinha apenas alguns centímetros de espessura, mostrando o couro cabeludo estourado pelos lados, por onde saíam pedaços de ossos e massa craniana, misturados com sangue. As suas faces estavam na parte de baixo, sabe Deus com que aspecto. Ninguém se interessou por ver.

O médico mandou que Salústio cortasse um lençol em tiras e enrolasse nos restos da cabeça, transportando o cadáver, depois, para a casa grande. Enquanto isso era providenciado, Salústio mandou que Benedito e mais alguns homens fossem recolher os corpos dos capatazes e os juntassem com o outro.

No curso dessas providências, Francisco, Romualdo e Fernando entraram na casa grande para examiná-la. Tudo estava intacto. Na verdade, uma situação excepcional diante do fato de os escravos serem tão mal tratados e os autores dos assassinatos. Não fora um motim desesperado, pois do contrário teriam pilhado e fugido, mas um encadeamento de reações sem conteúdo criminoso, uma espécie de defesa que poderia, sem muito esforço, ser considerada legítima. Francisco recolheu os papéis e livros que estavam no escritório, esparramados por cima das mesas, e os trancou em uma escrivaninha que tinha as chaves nas fechaduras.

Quando terminavam o exame, Salústio os chamou para examinarem os corpos. Dr. Fernando examinou-os superficialmente, e mandou que os cobrissem, pois seriam enterrados pela manhã.

Dali, Salústio levou o grupo para a senzala. Agora, Francisco, que na primeira vez que entrou se fixou no cadáver do Barão, podia, conquanto a semi-escuridão, mas tão só pelo cheiro e pelo aspecto geral, ver melhor como devia sofrer aquela gente, vivendo como animais. O preto velho, tomando a palavra, explicou que D. Margarida encarregara Francisco, e alguns de seus homens, para dirigirem a fazenda até que se resolvesse definitivamente a situação. Apresentou Francisco e, diante de todos, falou do que viu na fazenda dos Sousas, em benefício dos escravos, acabando por conclamar a todos, à obediência incondicional, ao novo chefe. A multidão bateu palmas, aclamando e saudando, dessa forma, o jovem fazendeiro.

Francisco não se perturbou. Quando se fez silêncio, tomou a palavra, com segurança e altivez:

– Meus amigos – disse, compassadamente, para que os negros percebessem a natureza do tratamento –, estou aqui a pedido de D. Margarida e de Salústio, cuja bondade me empresta um valor que não tenho. Fiquei feliz quando ele contou a vocês como vivem e como são tratados os trabalhadores em nossa fazenda, graças à elevação moral de meu inesquecível pai. Mas não pensem vocês que todos aqueles benefícios não tiveram, e não têm, um preço. Em troca daquele tratamento, nossos homens sempre deram o máximo e uma das mágoas do velho Barão era justamente a produção extraordinária de nossas plantações. Meu pai fez ver aos homens que se eles produzissem mais, ganhariam mais, uma vez que saberia repartir a produção com generosidade. E isso foi aceito com tal responsabilidade pelos nossos trabalhadores, que eles nunca precisaram ser vigiados, nunca se furtaram ao trabalho a não ser quando doentes, e, quando trabalhando, o faziam como se fosse em suas próprias terras e para si mesmo. Ensinou-os, também, que nenhuma comunidade pode progredir e viver em paz, quando as pessoas que a compõem não se respeitam mutuamente. Ao mesmo tempo que respeitava cada cativo como um seu semelhante, exigia que o respeitassem e se respeitassem entre si, permitindo-nos brincar com os seus filhos como se fôssemos todos irmãos. Com esses dois compromissos básicos, de trabalho e de respeito, chegamos ao que somos hoje. Garanto a vocês que uma reprimenda de meu pai doeria na alma dos nossos servidores mais do que as chibatadas no poste, porque quando se vive feliz e com respeito, a vergonha nos ajuda a não violarmos as regras da comunidade.

Nesse ponto, Francisco fez uma parada, para sentir a reação dos cativos e deixar que suas palavras calassem mais fundo.

Sousa, do outro lado da vida, lembrando as palavras de Salvius a respeito de Francisco, estava maravilhado pela autoridade da sua voz e pela mansidão dos seus olhos, assim como pelos efeitos de suas palavras que colocaram os negros num estado de êxtase, como se estivessem ouvindo um profeta. Henrique e Salvius o abraçaram partilhando sua alegria, quando Francisco retomou a palavra.

— Tenho ordens expressas de D. Margarida para organizar esta fazenda como entender melhor, e gastar o que for necessário, tanto para sua manutenção como para dar a vocês o mesmo que os nossos trabalhadores recebem. Mas antes de lhes prometer isso, vocês devem me prometer que agirão como eles, serão como eles, observando rigorosamente o dever e a disciplina, o respeito e a solidariedade. Como tenho carta branca desde já, convido àqueles que não se interessem em viver mais aqui, compartilhando da nossa comunidade nessas condições, a se manifestarem, e eu lhes darei carta de alforria. Farei todos livres para que procurem sua felicidade onde acharem que ela esteja. Não tenham receio, o que estou dizendo cumprirei com a maior boa vontade. Quem quizer deixar esta fazenda, livre, levante o braço e venha até aqui, e assim será feito.

O jovem fez mais uma pausa, para que os cativos tivessem tempo de decidir, ou se consultassem mutuamente a respeito. Mas ninguém se moveu, nenhum braço se levantou, nenhum cochicho se ouviu. Parecia que aqueles negros estavam magnetizados pela palavra e pela presença do jovem fazendeiro. Como a pausa se prolongasse, Salústio tomou a palavra.

— "Seu" Francisco – disse com voz comovida –, eu falo por todos os meus irmãos. Ninguém quer sair daqui, ninguém quer ser livre para percorrer mundo. Faremos tudo o que o senhor mandar, e sua palavra será a nossa lei. Trabalharemos com amor e faremos brotar da terra o nosso reconhecimento. Aqui, nunca ninguém respeitou ninguém, nem a palavra respeito nunca foi pronunciada, mas de agora em diante, vai ser como o senhor determinar. O senhor faz as regras, nós as cumpriremos com todo o nosso amor e com toda a nossa responsabilidade de filhos de Deus.

— Pois assim seja — continuou Francisco, algo emocionado. De hoje em diante, nesta fazenda, embora a sociedade lá fora não o reconheça, todos nós somos iguais em direito, uns perante os outros, e todos perante Deus. Amanhã mesmo, iniciaremos providências para removê-los desta pocilga e providenciaremos para que todos sejam examinados e tratados pelo Dr. Fernando que, por felicidade, já está aqui. Começaremos uma vida nova e que Deus nos ajude, para que ela seja feliz.

A emoção dos negros era indescritível. Salvius tinha razão quando disse a Sousa que Francisco era um predestinado, quase um messias aguardado por aqueles Espíritos reencarnados em situação tão precária.

o

No dia seguinte, a primeira providência foi sepultar os mortos no cemitério da fazenda, inclusive o Barão Macedo, que tinha, antecipadamente, construído um túmulo-capela para ele e D. Margarida, uma vez que eram sozinhos.

Depois, reunidos todos no lugar de costume, Francisco recebeu de Salústio o nome dos que poderiam chefiar turmas, já pela sua autoridade sobre as pessoas, já pelo seu conhecimento do trabalho. Mandou que cada turma se dirigisse para seu setor de trabalho que ele e Romualdo iriam percorrer um a um, para se inteirarem dos planos cabíveis.

## SENZALA

Separou os que sabiam trabalhar como carpinteiros, pedreiros e oleiros, e mandou os primeiros para o mato, à procura de madeira para as novas casas da colônia, e os outros para restaurarem uma velha olaria da fazenda, que não funcionava há muitos anos, a fim de que pudesse começar a produzir.

As mulheres e crianças, mandou que fossem até a igreja onde o Dr. Fernando as examinaria, a fim de tratá-las adequadamente.

Tomadas todas essas providências, assim como as de manutenção da casa grande, juntamente com Romualdo, o jovem percorreu, a cavalo toda a propriedade do Barão, planejando desde logo novas culturas e recuperação da que estava ameaçada de perder-se.

Assim passaram o dia. A fazenda, palpitando com vida nova e alegre, em todos os setores. Tudo mudado, encaminhando-se para perspectivas promissoras.

o

Na fazenda dos Sousas, mal amanheceu o dia, na hora do costume, Alberto estava no grande pátio da colônia para dar as ordens.

Comunicou aos trabalhadores que Romualdo e Francisco estavam cuidando da fazenda do Barão Macedo, e convidou, para ser seu capataz, até a volta dos dois, quem nunca esperava que o fosse: Antônio. Deu ordens rápidas a Antônio, baseado nas informações que Francisco lhe dera do andamento dos trabalhos, e avisou o capataz que não iria acompanhá-lo, porque deveria cuidar de alguns papéis, que deixara em desordem com sua ida para a cidade.

Regressou à casa e ficou feliz por encontrar D. Maria Cristina, na cozinha, tomando seu café juntamente com D. Margarida, que, com isso, provava ter reagido bem à morte do marido. Chegou até a passar-lhe pela mente o pensamento descaridoso de que ela ficou feliz, e devia estar esperando há muito tempo, dada a maldade e violência do Barão.

o

Salvius, Sousa e Henrique, do outro lado da vida, assistiram ainda durante todo o dia, nas duas propriedades, a retomada do trabalho e as primeiras providências de transformação na fazenda do velho Macedo. Depois, regressaram às esferas espirituais para um período de repouso e estudo, até que sua presença fosse útil ou requisitada pela urgência. Havia tanta paz e alegria, entusiasmo e trabalho, que partiram despreocupados.

Antes, porém, assistiram os desencarnados, rompendo-lhes os laços que os prendiam aos corpos inanimados. Desligados em profunda perturbação mental, saíram correndo em várias direções, como cegos, sendo arrebatados por uma multidão de Espíritos, antigos supliciados nos pelourinhos, que não souberam perdoar, e os arrastavam agora para a sua desforra. Era um quadro triste, constrangedor, mas estavam tão imantados uns aos outros, que era impossível ajudá-los nessa situação. Isso demandaria tempo e seria providenciado, oportunamente.

Os dias correram céleres, e tudo ia muito bem.

D. Margarida, ao lado de D. Maria Cristina, estava muito feliz e vivia na fazenda dos Sousas, como em sua casa. Já fazia um mês que tudo havia acontecido e Francisco, nas suas vindas, a colocava a par das providências que estava tomando, principalmente quanto à situação dos negros, o que muito a preocupava.

Alberto ia tocando a fazenda com segurança, privando com Antônio, ganhando a sua amizade e confiança, e misturando-se o quanto podia aos trabalhadores, fazendo-lhes visitas domiciliares, conversando com eles no pátio, no campo, onde, enfim, tinha oportunidade. Tratando-os com o máximo de carinho e respeito, dando-se inteiro, talvez para compensar as dores daqueles dias de triste lembrança.

o

Na fazenda do Barão, a atividade era febril. Uma grande colônia se erguia, em casas individuais, dispostas em quadras como nas cidades, com uma área comum no centro, sem muros, gramada e arborizada para folguedo das crianças e descanso dos moradores. Uma dessas quadras estava quase pronta, nos retoques finais, enquanto outra estava na fase de cobertura com as paredes já erguidas. Organizando bem o serviço do campo e reduzindo o seu período, logo depois das quatorze horas, todos os homens eram utilizados nas construções, e era de se ver a alegria com que nelas se empenhavam, até quando a noite não permitia mais continuar. Eram casas, lares que teriam para viver com a família; só essa idéia bastava para sua felicidade. Queriam terminar logo para todos mudarem, pois decidiram que todos deveriam, ao mesmo tempo, deixar a senzala antiga, que fora bem melhorada, a fim de que ninguém ficasse melhor instalado do que os outros.

E o trabalho continuou febril, por mais um mês ainda, quando a colônia deveria ser inaugurada. Enfeitaram-na toda, com flores e com papéis coloridos, para a grande festa, que para eles era uma espécie de redenção, de libertação total.

O dia tão esperado chegou.

Todos estavam lá: D. Margarida, D. Maria Cristina, Alberto, colonos da outra fazenda e, como não podia deixar de ser, os amigos do plano espiritual: Sousa, Salvius e Henrique.

A alegria era geral, contagiante. A multidão cantava, vibrava, batia palmas. Quando D. Margarida apareceu em público, e dirigiu-se para as casas, os negros a ovacionaram, delirantemente. Nem parecia que ela fora a esposa do seu verdugo. A bondosa senhora mal podia caminhar de emoção, assistindo àquela transformação feita por um menino no coração de gente que sempre a olhara com hostilidade. Quando viu as casas e ouviu a palavra de algumas famílias que as habitariam, suas lágrimas corriam em catadupa. Coisa que nunca fez: abraçava e beijava os negros, como se fossem seus filhos, e estes lhe correspondiam o afeto com as mesmas vibrações. Era uma apoteose do amor que arrebentava barreiras de preconceito e estabelecia as bases de uma verdadeira fraternidade. Quando, depois de muito tempo, e depois de muitas emoções, ela conseguiu sentar-se, no lugar que lhe estava reservado em uma barraca armada no centro de uma das colônias, teve que permitir que os negros, um a um, homens, mulheres e crianças, viessem beijar a sua mão, tendo relutado muito a princípio, por não se reconhecer digna disso, e querendo que o fizessem com Francisco, o coração verdadeiramente generoso que operara aque-

## SENZALA

la transformação. Era uma cena emocionante que a marcaria profundamente, e que faria dela, também, uma lutadora pela libertação dos escravos. Não era o bajulamento que a tocava; ela sentia naqueles lábios grossos que beijavam sua mão, uma vibração de agradecimento que lhe percorria todo o corpo numa sensação de paz indefinível. Depois os negros começaram a apanhar na grande tulha da fazenda os pertences e móveis para as casas: camas, armários, mesas, cadeiras, parte feita na fazenda, parte comprada na cidade. Algumas horas depois, todos estavam em suas casas, com tudo novo, inclusive móveis, roupas e principalmente... espírito.

Francisco estava feliz. Quando se recolheram na casa grande, contou à senhora que, apesar do pequeno período de trabalho, para construir mais depressa a colônia, as plantações iam muito bem e a colheita seria farta. Quando ela quisesse, disse ele, poderia retomar seu lugar e continuar o trabalho, uma vez que os homens estavam treinados e poderiam, por si mesmos, orientar o serviço. Mas a senhora se esquivou, justificando que ainda era cedo para isso, retomando com os outros para a fazenda dos Sousas e sugerindo a D. Maria Cristina que comemorasse também lá, no dia seguinte, com um jantar para todos, sugestão que foi aceita e ficou desde logo acertada.

o

D. Margarida levantou-se bem cedo e, quando a carruagem da fazenda estava atrelada, para ir buscar correspondência na cidade e fazer compras, pretextou necessidade de ir tratar de alguns assuntos particulares, em razão da morte do esposo, e foi para a cidade, muito alegre, conversando o tempo todo com o cocheiro.

Quando o carro voltou, depois do meio-dia, ela voltou também, mais alegre ainda, carregando alguns presentes que distribuiu para D. Maria Cristina, Alberto e algumas serviçais da casa grande que a assistiram. Os preparativos para o grande jantar absorveram a tarde toda, tanto de D. Maria Cristina quanto de D. Margarida.

Os três espíritos familiares permaneciam também por ali e vamos surpreendê-los, neste instante, sentados na grama defronte à casa grande, em animada palestra. Falavam das transformações profundas daqueles dias na vida das duas comunidades, e lembravam a Providência Divina que nunca falta na solução dos grandes e dos pequenos problemas. Salvius esclarecia a Sousa que, embora ele não tivesse presenciado, centenas de Espíritos superiores transitaram por ali, naqueles dias, sustentando os cativos para que se mantivessem em ordem e não pusessem a perder tudo isso que, afinal, se concretizou.

Sousa comentou a sua admiração naquela demonstração de carinho que os negros tributaram a D. Margarida. Salvius não se fez de rogado:

— Rememore os acontecimentos. Francisco recomendou aos negros que tratassem bem sua patroa, porque foi ela quem pagou todas aquelas modificações, sem ser obrigada a isso. Ela chegou, entrou em cada casa, falou com cada família, abraçou quem nunca tinha abraçado, beijou rostos negros que nunca tinham recebido uma carícia de brancos. Quando ela conseguiu vencer todos os seus escrúpulos e preconceitos, e abriu-se em amor, encontrou no fim da trilha corações modificados, que receberam aquele amor, o valorizaram convenientemente, e se convenceram de que estavam diante de uma santa. Como nunca lhe dirigiram um pensamento de amor, antes de ódio, penitenciaram-se diante da própria consciência, beijando-lhe reverentemente as mãos. Amor, meu irmão, gera amor e cobre a multidão dos nossos defeitos. Notemos que a carga de afetividade que ela deu para os cativos e os cativos deram para ela, estabeleceu laços imorredouros, que perdurarão por séculos e séculos. Quando o homem na Terra conhecer o verdadeiro potencial de uma vibração de amor, de um gesto de fraternidade, de uma palavra de consolo e de perdão, movimentará essa energia, que está dentro dele mesmo, para transformar a si mesmo e o mundo que o cerca.

— Aliás — atalhou Henrique —, você, Sousa, muito amou e muito foi amado. Sabe o que é isso, embora só o possa apreciar melhor agora, aqui do espaço, depois de presenciar o que representa uma onda de ódio e de violência. Você está em cada coração desses Espíritos encarnados, de uma e de outra fazenda por agora, e em muito maior extensão quando o seu exemplo frutificar, principalmente no coração dos seus filhos. Eternamente, você receberá pensamentos de amor, que manterão você confortado, em paz, em condições de enfrentar qualquer situação. O amor é a única sementeira que produz eternamente.

Sousa, emocionado, não sabia o que dizer. Tinha o olhar perdido no horizonte, meditando na felicidade que realmente vibrara em seu coração, na paz que sempre teve. Nunca sentira angústia ou infelicidade. Nunca sofrera. Sim, era uma verdade, nunca sofrera. As palavras dos dois amigos tinham fundamento, talvez fossem as vibrações de amor daquela gente que ele também amava. Estava imerso nessas divagações, quando Salvius os convidou para acompanharem os preparativos.

A tarde caía sobre a natureza, com a presença gradual da escuridão deixada nos lugares em que iam. faltando os raios do Sol, que se ausentava sem cerimônias atrás do horizonte. O jantar seria no pátio da colônia e os negros já estavam se reunindo, acendendo o carvão da grande leira aberta no chão, junto à mureta do terreiro superior.

Da casa grande desceram todos. Do plano espiritual, para surpresa de Sousa, compareceram também Juvenal, Maria e Ismália.

Quando D. Margarida, D. Maria Cristina e seus dois filhos, alcançaram a pequena elevação do pátio, a multidão calou-se, na expectativa de alguma ordem, alguma instrução.

Aproveitando o silêncio que se fez, D. Margarida tomou a palavra:

— Meus amigos — disse, dirigindo-se aos negros de ambas fazendas e voltando-se para os companheiros —, ontem foi para mim um dia de imensa alegria. Dessas alegrias que eu penso que tempo algum apagará. Devo aos corações de todos vocês, esses momentos que nunca tive antes e que me deram nova vida, me despertaram para novos problemas e vão me ajudar a viver com mais proveito para mim mesma e para os outros. Senti, ontem, a grandeza de coração desse menino, ou digo melhor, desse homem que se chama Francisco, sua inteligência, sua vitalidade, e, como recompensa às suas qualidades e ao sofrimento que todos suportaram nas mãos de meu finado marido, resolvi doar-lhe aquela propriedade e aqui está o título que fiz hoje na cidade dessa doação, que entrego em suas mãos, suplicando-lhe que a receba. Ninguém melhor do que ele para ajudar-nos a apagar dos corações o mal que fizemos, e fazer, daqui para a frente, o bem de todos. O amor, o respeito, a verdadeira fraternidade são a única coisa de valor neste mundo porque nunca morrem e sempre aumentam nossas riquezas espirituais, nossa felicidade. Desde o dia da morte do meu marido, algo em meu coração me dizia que essa fazenda deveria ficar com Francisco, e assim será. Que Deus o ajude para que todos sejam felizes. Finalizando, a dama entregou a Francisco a carta de doação, que a abraçou e beijou emocionado, não pelo valor material, mas pela significação espiritual daquele ato. Todos se abraçaram, inclusive a multidão que cantava de alegria.

A festa, que começara com essa explosão de amor e alegria, continuou.

Sousa fora colhido com mais essa surpresa. Nunca esperava que D. Margarida acabaria por doar a fazenda a Francisco. Estava intrigado, embora emocionado pelo gesto de desprendimento. Salvius, como sempre, veio em seu socorro.

– Eu lhe disse que D. Margarida estava ligada a Francisco por fortes laços do passado. Só esses laços podem, na realidade, explicar os últimos acontecimentos e essa doação valiosíssima. Pois bem, faz muito tempo, contado por séculos, e Francisco, ainda jovem, herdou de seu pai viúvo uma imensa propriedade, além de uma grande fortuna em ouro. Jovem bom e inexperiente, deixou-se envolver por uma moça que começou a frequentar a sua casa, pertencente à sociedade dos nobres. Era uma mulher calculista, fria, que vislumbrou a possibilidade de partilhar sua fortuna. Digamos que se chamava Margarida. Porque era maliciosa e sem princípios, foi envolvendo com facilidade o jovem que a cada dia se enamorava por ela, uma vez que esta vinha lhe revelando, aos poucos, as partes do seu corpo, as sensações do sexo, pondo em brasa seu pensamento e sua juventude. Até que não lhe resistindo mais à tentação, pediu-a em casamento e de fato se casaram. Ocorre que Margarida amava outro jovem ambicioso, que chamaremos Macedo, com o qual, de há muito, mantinha íntimas relações, e que, com ela, planejara o golpe. Realizadas as bodas, o casal se recolheu para a noite nupcial e, no dia seguinte, o moço amanheceu morto, vitimado por um ataque cardíaco, (segundo atestado fornecido por um médico cumpliciado) em face de não resistir às emoções naturais daquela noite. Na verdade, tão logo alcançaram o quarto, Margarida propôs um brinde só para dois e fez com que ingerisse um poderoso veneno que o fulminou. Assim, se fez dona da grande fortuna, casando-se algum tempo depois com Macedo. Devo informar-lhe que não foram felizes e a grande fortuna consumiu-se, acabando os dois na miséria e no crime. Francisco, desde o primeiro momento os perdoou, pois a sua generosidade tem a idade dos milênios. Mas a consciência dos dois não os liberou do crime e deveriam pagá-lo nesta oportunidade. Macedo não tinha muitos anos de vida e não fosse morto, como o foi, logo desencarnaria naturalmente. D. Margarida herdaria a fazenda e, como aconteceu agora, ela acabaria, se ouvisse o seu coração, ou sua memória cármica, doando tudo a Francisco. Veja meu amigo: ela tirou de Francisco para dar a

## SENZALA

Macedo; agora recebe de Macedo para dar a Francisco. Por esse motivo, quando morreu o Barão, nós a vimos, ainda no leito, entregar tudo a Francisco e beijar-lhe as mãos. No relógio cármico de sua consciência tinham soado as badaladas da hora certa e ela identificou, inconscientemente, o credor do passado, beijando-lhe as mãos generosas que a perdoaram e a ajudaram a erguer-se em outras existências. Entendeu agora, meu amigo? Tudo na vida tem sua razão de ser, e quando você puder penetrar nas lembranças do seu próprio passado, encontrará muitas explicações para coisas aparentemente inexplicáveis.

— Extraordinário! — exclamou Sousa — com que perfeição tudo funcionou! Agora vejo que não existe mesmo o acaso, mas que tudo se encadeia dentro de uma ordem pré-estabelecida!

— Eu não lhes conhecia a história — confessou Henrique — mas fico feliz pelo desfecho e por conhecer mais essa demonstração de amor do nosso Francisco.

o

Alberto, depois da revelação de D. Margarida, percebeu que deveria continuar ainda por algum tempo na fazenda, e deveria contar com o concurso de Antônio. Enquanto começava a rescender o cheiro da carne assada, chamou Antônio e subiram juntos para a casa grande.

Ao passarem pelos Espíritos a que nos referimos, estes os acompanharam. Na casa grande, todos se instalaram e Alberto comunicou a Antônio que, diante da doação de D. Margarida, ele seria, agora, efetivado no lugar de . capataz e esperava dele a maior fidelidade, a maior sinceridade possível. Dos olhos do negro começaram a rolar grossas lágrimas.

— Que há, Antônio? — perguntou Alberto, apreensivo.

— Nada, patrão — respondeu o negro. Eu preciso fazer-lhe uma confissão. Diante de tanta bondade, não posso calar minha consciência, porque ela não me deixará servi-lo com tranquilidade. Sabe, até pouco tempo eu tinha uma grande mágoa no coração contra o senhor, porque achava que também era culpado pela destruição da minha família. Mas quando Salústio contou-nos o que lhes acontecia na fazenda do Barão, e quem eram aqueles homens, eu compreendi que o senhor não tinha culpa alguma. Mas minha consciência ficou pesada com o meu julgamento precipitado, e o mal que cheguei a desejar-lhe. Por isso, achei que devia contar-lhe e pedir-lhe perdão.

Alberto estava emocionadíssimo. Levantou-se, e disse a Antônio que ele, na verdade, sempre se considerou culpado e o chamou justamente para confessar-lhe isso e pedir-lhe perdão.

Dirigindo-se para o negro, estendeu-lhe a mão pedindo a sua mão que chegou e foi apertada fortemente.

— Amigos? — perguntou Alberto.

— Amigos! — respondeu o capataz correspondendo ao abraço que Alberto lhe estendeu, saindo ambos felizes para continuarem a festa.

o

No plano espiritual, Maria, Juvenal e Ismália choravam, profundamente emocionados pela cena que acabaram de presenciar e que parecia não ter nada de importante além de um entendimento entre dois homens. Sousa, como sempre, estava sem entender, tanto a presença dos outros como a sua emoção. Pareceu-lhe que vieram ali só para presenciarem aquele ato.

— É verdade, Sousa — disse Salvius, que lhe acompanhava o pensamento —, Juvenal, Maria e Ismália vieram aqui apenas para presenciarem esta cena patética de dois homens se desculpando e se perdoando mutuamente, mas que para eles tem outra significação mais importante. Ainda há pouco, falamos do passado de Francisco, e da significação do gesto de D. Margarida. Agora, para que você conheça, também, vai ouvir uma história contada pelos espíritos personagens.

— Há alguns séculos — começou Maria — eu era casada com Antônio e empregada como dama de companhia de uma jovem senhora da nobreza. Minha patroa, de uma beleza irresistível, mas caprichosa, não aceitava os galanteios de ninguém, até que um dia conheceu, numa festa popular, um jovem da plebe, Alberto, de quem se enamorou perdidamente. Alberto era másculo, de feições descontraídas que lhe mostravam uma segurança sem limites. Como havia uma grande distância social entre ambos, esse amor era secreto e se correspondia por cartas que eu, como dama de companhia, levava e trazia. Certo dia, num desses encontros que eu tinha com o jovem e que, além de entregar e receber cartas, me obrigava a dar mais informações, fui vista por Ismália, que era mulher de Juvenal irmão de Antônio. Ismália contou a Juvenal e Juvenal contou a Antônio.

— Sim, prosseguiu Juvenal — pintei um quadro terrível a Antônio do adultério de sua mulher. Antônio não acreditou, mas com o apoio de Ismália, nos propusemos a provar. Ismália ficou na espreita, e assim que Maria saiu para um desses encontros furtivos, correu a me avisar e, junto com Antonio, conseguimos alcançá-la e segui-la. Íamos armados de punhal, e ela se dirigia a um bosque fora do povoado, onde o jovem enamorado a esperava. Tão logo os dois se encontraram e trocaram as cartas, caímos sobre eles e os matamos em segundos, sem possibilidades de qualquer explicação. Quando recolhemos as cartas e as lemos, já era tarde demais. O arrependimento nos consumiu, passamos dias horríveis de remorso e desesperação e os séculos nos conheceram lágrimas intermináveis. Nesta existência, eu e Ismália perdemos a vida nas tramas da intriga e da calúnia. Antônio perdeu a esposa que tanto amava e que lhe fora companheira em muitas existências, ficando só. Alberto nos odiou a todos por algum tempo e na sua decisão de mandar me açoitar havia ainda um vínculo do passado. Todos somos felizes, faltavam apenas Antônio e Alberto se reconciliarem, o que acaba de acontecer, resolvendo, verdadeiramente, para todos nós, um grave problema do passado, um problema de culpa que nos custou muitas lágrimas.

– Meu Deus! – exclamou Sousa – quantas histórias dolorosas estão se resolvendo aqui, entre tantas dores e tantos crimes! Quantos compromissos assumimos para uma mesma existência!

– Isso mesmo – atalhou Salvius. Nossas vidas são entrelaçadas. Nós convivemos, na vida, com muita gente, temos muitas ligações afetivas, e cada ligação afetiva tem sua história, boa ou má, porque os sentimentos se estruturam nos séculos. Amor e ódio, só nos contos de fantasia nascem à primeira vista. Eles nascem e se fortalecem ou se rompem no decurso dos séculos. Cada um de nós convive com credores e devedores do passado, tendo a pagar e a receber dos que partilham conosco a existência. Por essa razão, quem sabe amar sempre, dando e perdoando, vai resolvendo todos os seus problemas cármicos dentro da maior naturalidade, ao mesmo tempo que vai facilitando, aos que lhe devem, saldarem suas dívidas com menores humilhações e maiores alegrias. Jesus disse que o amor cobre a multidão dos pecados; as provas estão aí à nossa frente, nas histórias dos nossos companheiros. Quando os homens compreenderem isso, verão que o apelo de Jesus, para que nos amássemos uns aos outros, muito mais do que um conselho religioso, é uma lei a que não podemos nos furtar, diante da vida, para sermos felizes.

Todos estavam jubilosos, irradiando luz e alegria.

Salvius os envolveu num abraço distendido e aproximando-os ao coração, falou-lhes com certa tristeza:

— Meus amigos — disse, olhando a cada um — devo deixá-los. Aqui termina minha tarefa junto destas comunidades e de vocês, que foram meus tutelados durante toda a vida. Nada me devem por isso, pois, por minha vez, devo muito a todos, por favores do passado. Cumpri minha tarefa e minha alegria maior é ver que todos são vencedores e que deixo em suas mãos estas duas comunidades vibrando de alegria e felicidade. Os que se perderam, Macedo e outros, mais tarde retornarão ao mundo físico, em outras condições e, com a ajuda de todos, hão de vencer também. Naturalmente, esse resultado não dependeu de mim, mas da bondade de Deus que proveu a todas as contingências, equilibrando os corações nos momentos mais angustiados. Agora, vou preparar os meus próprios caminhos, minha próxima reencarnação, quando receberei a ajuda de vocês. Ainda nos encontraremos muitas vezes. Apenas me desligo da tarefa que deixo em suas mãos, principalmente de nosso Henrique que os orientará, supervisionando a assistência geral.

Quando sairam para o jardim, Salvius, abraçou a todos. Olhou, lá no pátio, a festa e a alegria, olhou o céu salpicado de estrelas. Recolheu-se por uns instantes e começou a irradiar uma luz intensa e multicor, até tomar a forma de um pretor romano. Depois de alguns instantes, de se ter dado a conhecer, Salvius, em sua verdadeira personalidade e forma, começou a subir como uma esfera estelar, ganhando o espaço, até que, aquela luz que era um Espírito, perdeu-se no Infinito, em busca de outras esferas que o mereciam.

Os quatro Espíritos que, recém-libertos da carne, já se engajavam no trabalho do plano espiritual, acompanharam, com lágrimas nos olhos, lágrimas de reconhecimento e de saudade, aquele Espírito extraordinário que fora o anjo tutelar de todos e que se fizera pequeno e devedor para não esperar nenhum agradecimento.

Quando Salvius desapareceu na imensidão, abraçaram-se e dirigiram-se para a festa, para compartilhar a alegria de todos, agora em serviço.

Fim

**RENOVANDO ATITUDES**
Francisco do Espírito Santo Neto/Hammed
Filosófico | 14x21 cm | 248 páginas | ISBN 978-85-99772-61-4

Elaborado a partir do estudo e análise de 'O Evangelho Segundo o Espiritismo', o autor espiritual Hammed afirma que somente podemos nos transformar até onde conseguirmos nos perceber. Ensina-nos como ampliar a consciência, sobretudo através da análise das emoções e sentimentos, incentivando-nos a modificar os nossos comportamentos inadequados e a assumir a responsabilidade pela nossa própria vida.

# Levamos o livro espírita cada vez mais longe!

**boanova** editora

📍 Av. Porto Ferreira, 1031 | Parque Iracema
CEP 15809-020 | Catanduva-SP

🌐 www.**boanova**.net

✉ boanova@boanova.net

📞 17 3531.4444

💬 17 99257.5523

## Siga-nos em nossas redes sociais.

**f** @boanovaed  **TikTok** **YouTube** boanovaeditora

**CURTA, COMENTE, COMPARTILHE E SALVE.**
utilize #boanovaeditora

Acesse nossa loja    Fale pelo whatsapp